Chefsache

Reihe herausgegeben von
Peter Buchenau
The Right Way GmbH
Oberterzen, Schweiz

EBOOK INSIDE

Die Zugangsinformationen zum eBook inside finden Sie am Ende des Buchs.

Die Management-Reihe „Chefsache" beschäftigt sich mit Führungsthemen und Aufgabengebieten, die für die Führungskräfte von Morgen wichtig sind. Neben klassischen Themen wie Organisation, Führung, Human Ressource Management oder Vertrieb nehmen Gender-, Diversity- und Gesundheitsthemen oder Soft Skills eine besondere Stellung ein – laut dem Institut für Führungskultur im digitalen Zeitalter sind dies jene wichtige Faktoren für ein erfolgreiches Agieren am Markt. Das Führungsverhalten wird sich demnach in den nächsten Jahren massiv verändern. Künftige Chefs, die sich deren Relevanz bewusst sind, sie verstehen und berücksichtigen, werden zu den Gewinnern von Morgen gehören. Die Chefsache-Reihe besteht aus Autoren- und Herausgeberwerken. Erfolgreiche Manager bringen ihre Erfahrungen ein und bieten den Leserinnen und Lesern die Möglichkeit, sich Fachwissen anzueignen und im eigenen beruflichen Kontext umzusetzen. Peter Buchenau als Initiator der Chefsache-Serie lädt regelmäßig Führungskräfte aus unterschiedlichsten Institutionen ein, ihre Expertise in der Buchreihe auf verständliche und anschauliche Weise umsetzungsorientiert einzubringen. Die Fachbücher sind Werke von Profis für Profis, aus der Praxis für die Praxis. Zur Zielgruppe zählen Führungskräfte der zweiten und dritten Führungsebene in Konzernen, Unternehmer im klein- und mittelständischen Bereich sowie Selbstständige.

Weitere Bände in dieser Reihe: http://www.springer.com/series/16162

Ray Popoola

Chefsache Freiheit

Unter Mitarbeit von Peter Buchenau

Ray Popoola
Zürich, Schweiz

Chefsache
ISBN 978-3-658-26793-3   ISBN 978-3-658-26794-0 (eBook)
https://doi.org/10.1007/978-3-658-26794-0

Die Deutsche Nationalbibliothek verzeichnet diese Publikation in der Deutschen Nationalbibliografie; detaillierte bibliografische Daten sind im Internet über http://dnb.d-nb.de abrufbar.

Springer Gabler
© Springer Fachmedien Wiesbaden GmbH, ein Teil von Springer Nature 2019
Das Werk einschließlich aller seiner Teile ist urheberrechtlich geschützt. Jede Verwertung, die nicht ausdrücklich vom Urheberrechtsgesetz zugelassen ist, bedarf der vorherigen Zustimmung des Verlags. Das gilt insbesondere für Vervielfältigungen, Bearbeitungen, Übersetzungen, Mikroverfilmungen und die Einspeicherung und Verarbeitung in elektronischen Systemen.
Die Wiedergabe von allgemein beschreibenden Bezeichnungen, Marken, Unternehmensnamen etc. in diesem Werk bedeutet nicht, dass diese frei durch jedermann benutzt werden dürfen. Die Berechtigung zur Benutzung unterliegt, auch ohne gesonderten Hinweis hierzu, den Regeln des Markenrechts. Die Rechte des jeweiligen Zeicheninhabers sind zu beachten.
Der Verlag, die Autoren und die Herausgeber gehen davon aus, dass die Angaben und Informationen in diesem Werk zum Zeitpunkt der Veröffentlichung vollständig und korrekt sind. Weder der Verlag, noch die Autoren oder die Herausgeber übernehmen, ausdrücklich oder implizit, Gewähr für den Inhalt des Werkes, etwaige Fehler oder Äußerungen. Der Verlag bleibt im Hinblick auf geografische Zuordnungen und Gebietsbezeichnungen in veröffentlichten Karten und Institutionsadressen neutral.

Illustrationen: © Sabine Ranalter

Springer Gabler ist ein Imprint der eingetragenen Gesellschaft Springer Fachmedien Wiesbaden GmbH und ist ein Teil von Springer Nature.
Die Anschrift der Gesellschaft ist: Abraham-Lincoln-Str. 46, 65189 Wiesbaden, Germany

Prolog

Dies ist kein Selbsthilfebuch, davon gibt es bereits genug. Es ist ein Ratgeber für an Coaching Interessierte, eine Entscheidungshilfe oder auch -nachhilfe, für Führungskräfte in der Wirtschaft, aber auch für Spitzensportler, die wissen wollen, ob Coaching für sie sinnvoll wäre. Fallbeispiele von Höchstleistenden im Sport werden hier zwar nicht dargestellt, gehören aber zu meiner Arbeit. Es geht um die folgenden Fragen: Welche Themen werden im Coaching behandelt? Wie werden sie behandelt? Mit welchen Resultaten ist zu rechnen?

Anhand von konkreten Beispielen aus der alltäglichen Praxis und mit differenzierten Erläuterungen, erhalten die Leser einen verständlichen Überblick über Leistungen im Coaching, über Methoden, praktische Vorgehensweisen und Resultate. Da das Thema Angst und Facetten der Angst, in Coachings oft besprochen wird und eine (wichtige) Emotion des Menschseins ist, habe ich sie zum Thema dieses Ratgebers gemacht.

Die hier dargestellten Fallbeispiele geben nicht den gesamten Gesprächs- und Interventionsverlauf wieder. Es sind lediglich Auszüge, gleichsam Blitzlichter, die als Orientierung, als Leitplanken für an Coaching Interessierte dienen sollen. Wiedergegeben sind vorwiegend jene Bereiche, die im Rückblick, in der Analyse der Coachings, den Veränderungsprozess der Klienten am meisten beeinflusst hatten. Ihre Namen wurden aus Gründen des Persönlichkeitsschutzes, zur Sicherung der Privatsphäre verändert.

Meine Coachingklienten sind vorwiegend Menschen, die hohe Leistungen erbringen, wie Wirtschaftsleader oder Sportler. Wer Höchstleistung erreichen möchte, kommt nicht drum herum, sich mit sich selbst und seinen Ängsten auseinanderzusetzen. Diese Bevölkerungsgruppen werden nicht selten heroisiert, allzu menschliche Probleme haben aber auch sie. Hier erfährt man aus erster Hand, wie Businessentscheider und Menschen, die Bestleistungen anstreben, von ihren Ängsten geplagt werden und wie sie diese Ängste mithilfe von Coaching in den Griff bekommen.

Es werden zwölf Ängste beschrieben, die am häufigsten von Entscheidungsträgern als massiv einschränkend in ihrem beruflichen und privaten Alltag vorgebracht wurden. Die Bezeichnungen der hier analysierten Ängste beruhen durchwegs auf Selbstbeschreibungen der Coachees, es sind keine fachlichen Diagnosen. Das Buch thematisiert Wege, die Veränderung ermöglichen, und ist dadurch praxisrelevant.

Coaching hilft Hauptakteuren aus Wirtschaft und Sport authentischer, gelassener und freier im Handeln zu werden, um so ihre persönliche Bestleistung zu erreichen. Es geht letztlich um Freiheit, die alle anstreben. Gerade Führungspersonen, die sich von ihren Ängsten befreit haben, steigern ihre Management- und Führungsqualitäten und sind erfolgreicher in ihrem beruflichen und privaten Leben.

Danksagung

Mein Dank gilt all jenen, die durch ihre fachliche und persönliche Unterstützung zum Gelingen dieses Buches beigetragen haben:

Falk Al-Omary und Peter Buchenau, sie haben die Realisierung dieses Buchprojektes ermöglicht.

Siegfried Chambre (Autor) fürs Redigieren, inhaltlich, formal und sprachlich-stilistisch.

Ich möchte allen Wegbegleitern, der Schar meiner Coaching- und Trainerkollegen und den vielen Einzelpersonen danken, die mir halfen, indem sie meine Unterstützung beanspruchten. Von ihnen durfte ich für meine Arbeit enorm viel lernen.

Herzlichen Dank auch an Cordula Annette Jilg für die geistige/seelische Unterstützung, für ihre Ermutigung und Toleranz.

Mein Dank gilt auch den Urvätern und Entwicklern der Coaching- und Interventionsmethoden, die meinen Werdegang und meine Entwicklung beeinflusst und damit immens zu diesem Werk beigetragen haben.

Last, but not least: Danke an Familie, Freunde und Umfeld, die toleriert haben, dass ich viele Stunden an diesem Buch anstatt mit ihnen verbracht habe.

Ray Popoola

Inhaltsverzeichnis

1 Existenzangst 1
   1.1 Niemand ist davor geschützt 1
   1.2 Existenzangst definieren – geht das überhaupt? 2
   1.3 Instinkte bestimmen unser Verhalten 3
   1.4 Eine Bilderbuchkarriere 4
   1.5 Konflikt eruieren 6
   1.6 Wohlgeformte Ziele 10
   1.7 Fazit 12
   Literatur 13

2 Versagensangst 15
   2.1 Die Yogaschule der Frau Weibel 15
   2.2 Fazit 18
   Literatur 19

3 Angst vor Veränderungen 21
   3.1 Entscheidungskonflikt 21
   3.2 Eine Frage der Persönlichkeit 24
   3.3 Entscheidungen sind keine Ereignisse 27
   3.4 Fazit 31
   Literatur 33

4 Angst vor Entscheidungen 35
   4.1 Entscheidungen bestimmen das Leben 35
   4.2 Sind wir alle entscheidungsschwach? 37
   4.3 Entscheidungsgrundlagen verstehen 39
   4.4 Wer seine Motive kennt, entscheidet besser 41
   4.5 Funktionsweise des Gehirns erkennen 43
   4.6 Vier Schritte hin zu besseren Entscheidungen 44
   4.7 Fazit 46
   Literatur 47

5	**Angst vor schwierigen Gesprächen**	49
	5.1 Innere Prozesse erkennen	49
	5.2 Persönlichkeitsprofile	53
	5.3 Storytelling gegen die Angst	54
	5.4 Fazit	59
	Literatur	60
6	**Angst vor Isolation und Wertlosigkeit**	61
	6.1 Bin ich ohne Erwerbsarbeit wertlos?	61
	6.2 Fazit	66
	Literatur	68
7	**Angst vor Krankheit und Tod**	69
	7.1 Eine ungewöhnliche Kontaktaufnahme	69
	7.2 Die systemische Sicht der Dinge	70
	7.3 Fazit	76
	Literatur	77
8	**Angst vor Verantwortung**	79
	8.1 Papas Liebling	79
	8.2 Fazit	82
	Literatur	83
9	**Angst vor Verletzung und Enttäuschung**	85
	9.1 Hilfe, ich werde verlassen	85
	9.2 Verhaltensänderung durch unbewusste Lerneffekte	86
	9.3 Metapositionen	88
	9.4 Fazit	92
	Literatur	93
10	**Angst vor Lebendigkeit**	95
	10.1 Bindungsangst trotz großer Liebe?	95
	10.2 Fazit	99
11	**Angst vor dem falschen Zeitpunkt**	101
	11.1 Eine Frage der Interaktion	101
	11.2 Beziehungen klären	102
	11.3 Die richtige Haltung	105
	11.4 Der freie Wille	108
	11.5 Der richtige Zeitpunkt für die Kündigung	110
	11.6 Vorausschauend eingeschätzt – Rückblickend betrachtet	113
	11.7 Fazit	114
	Literatur	115

12	**Angst vor Manipulation**		117
	12.1	Die tägliche Manipulation	117
	12.2	Was ist Manipulation?	117
	12.3	Ebenen der Manipulation	119
	12.4	Kann man sich gegen Manipulation schützen?	121
	12.5	Sprachliche Unschärfe begünstigt Manipulation	124
	12.6	Fazit	126
	Literatur		127
13	**Spezialfall Flugangst**		129
	Literatur		135
Epilog			137

Über den Autor

Ray Popoola ist einer der führenden Mentalcoaches, Trainer und Coachausbilder in der Region D-A-CH. Seit den 1980er-Jahren lebt und arbeitet er in der Schweiz, seine Wurzeln liegen in Deutschland und Nigeria. Der absolvierte Betriebsökonom (MBA in England) verfügt über ein einzigartiges Wissen, das er sich im Verlauf vieler Praxisjahre erworben und perfektioniert hat. Der ehemalige Leistungssportler verfügt zudem über Abschlüsse und Zertifikate in rund einem Dutzend neurowissenschaftlicher Methoden aus den Bereichen Coaching, Intervention, Hypnose, mentales Training, Persönlichkeitsentwicklung und angewandte Psychologie – eine umfassende Kenntnis, die er heute auch als Lehrtrainer weitergibt.

Ray Popoola hat eine Ausnahmekarriere durchlaufen, wie es sie selten gibt. Er war jüngster Gründer einer Kampfkunstschule in der Schweiz, gründete mehrere Unternehmen in der Technik-, IT-, Beratungs- und Bildungsbranche, avancierte zum internationalen Bankmanager mit Großprojekten in ganz Europa und den USA. 2008 entschloss er sich ausschließlich als Mentalcoach und Persönlichkeitsentwickler in Zürich zu arbeiten. Seine Klienten kommen aus dem Breiten- und Spitzensport sowie aus dem Topmanagement der Wirtschaft.

Er gilt als Topcoach der Leistungselite, als mentaler Begleiter, wenn es um große Herausforderungen, komplexe Fragen und den unbedingten Willen zum Erfolg geht. Seine Klienten reisen aus dem gesamten deutschsprachigen Raum, aus Europa und selbst aus dem arabischen und asiatischen Raum an, weil sie seine strukturierte Analyse, sein schnelles systemisches Verständnis, sein breites Methoden- und Interventions-Know-how sowie sein ehrliches Feedback schätzen.

Ray Popoola hilft seinen Klienten, sich zu fokussieren, er dringt tief in die Persönlichkeit ein und sorgt für starke und nachhaltige Veränderungen. Mit ihm werden die gewünschten Ziele Wirklichkeit und bleiben nicht nur Träume. Dabei überzeugt er durch menschliche Nähe, Empathie und klare Ansagen sowie einen schonungslosen Blick nach innen und außen.

Der Coach baut seine Klienten mit einer pointiert strukturierten Vorgehensweise auf und verändert mit viel Verständnis ihre Perspektiven. Dabei hält er sie an, eingegangene Selbstverpflichtungen einzuhalten, damit der gewünschte persönliche, emotionale und mentale Wandel zum Besseren auch erreicht wird. Für ihn zählen im Umgang mit Klienten die Ergebnisse: absolute Klarheit, Fokussierung auf die Lösung für das Erreichen der angestrebten Ziele. Wer etwas erreichen will, der muss sich bewegen.

Ray Popoola ist auch ein gefragter Redner auf nationalen und internationalen Kongressen, als Präsident des Schweizer Dachverbandes der Persönlichkeitstrainer (VPT), Vorstandsmitglied des Deutschen Managerverbandes sowie als Mitglied in Fachverbänden und Expertenzirkeln.

Über 20 Jahre Erfahrung im Coaching und viele menschliche Begegnungen haben ihn bewogen, dieses Buch zu schreiben, um zu zeigen, das persönliche Entwicklung einfach sein kann.

Existenzangst

1.1 Niemand ist davor geschützt

Wie kann es sein, dass Menschen, die es auf der Karriereleiter bis auf die höchsten Sprossen geschafft haben, von nagenden Existenzängsten geplagt werden? Ist das kein Widerspruch in sich? Selbstverständlich werden auch höchst erfolgreiche Menschen mit vielen beruflichen und privaten Problemen konfrontiert, aber sollte man nicht meinen, dass ihre Existenz rundum sicher und Existenzangst deshalb unwahrscheinlich, wenn nicht gar unsinnig ist? Was ist bei erfolgreichen, von Existenzangst geplagten Menschen aus den als unbeschwert geltenden Jahren der Mittzwanziger geworden, in denen die Welt scheinbar nur darauf wartete, von ihnen erobert zu werden? Wann und warum begann die Sinnkrise einer Generation, die als gut ausgebildete junge Menschen gestartet ist?

Die Zahl beruflich erfolgreicher Führungspersönlichkeiten, Frauen wie Männer, die am Sinn ihres Strebens zweifeln, die Versagens- und Existenzängsten ausgeliefert sind, ist erschreckend hoch. Etwa sechs von zehn befragte Coachingklienten beschreiben, dass sie bereits erhebliche Existenzängste oder damit in Zusammenhang stehende Ängste empfunden haben, die man gerade bei ihnen nicht vermutet hätte: die Angst, den Job zu verlieren und die Familie nicht mehr ernähren zu können; die Angst, den Ansprüchen des Arbeitgebers nicht mehr gerecht zu werden; die Angst vor unerfüllbaren Erwartungen der Stakeholder; die Angst, zwischen den beruflichen und privaten Herausforderungen zerrieben zu werden; Angst, die Kontrolle zu verlieren; Angst vor Ausgeliefertsein; Angst vor der Gefährdung der eigenen Position. Gerade Führungskräfte stehen unter einer ständigen kritischen Beobachtung und Bewertung innerhalb und außerhalb eines Unternehmens, in vielen Bereichen des beruflichen, aber auch des gesellschaftlichen Lebens. Menschen reagieren individuell verschieden auf die angesprochenen Ängste, es gibt aber auch Gemeinsamkeiten.

© Springer Fachmedien Wiesbaden GmbH, ein Teil von Springer Nature 2019
R. Popoola, *Chefsache Freiheit*, Chefsache,
https://doi.org/10.1007/978-3-658-26794-0_1

Existenzangst kann in den verschiedensten Formen auftreten, in vielfältigen Lebenssituationen, wenn Unsicherheiten auftauchen oder sich ausweiten. Vermutlich hat jeder Mensch, auf die eine oder andere Weise, schon existenzielle Ängste erlebt – vielleicht auch Sie selbst, liebe Leserin, lieber Leser? Vermutlich stellen auch Sie sich in unsicheren Zeiten und Situationen dieselben naheliegenden Fragen, wie sie sich auch meine Coachingklienten stellen: Was ist geschehen? Wie konnte es dazu kommen? Woher kommen meine Ängste? Was kann ich dagegen tun? Was sind diese Ängste überhaupt und wie kann ich sie überwinden? Wenn diese oder ähnliche Fragen in meinen Coachings auftauchen, würde ich immer gerne eine einfache Antwort darauf haben. Doch in pluralistischen, komplex strukturierten Gesellschaften greifen einfache Antworten viel zu kurz. Deshalb muss ich bei Hinweisen und Tipps jeweils etwas weiter ausholen. Das will ich auch hier tun. Lassen Sie uns zunächst die Definition der Existenzangst betrachten.

1.2 Existenzangst definieren – geht das überhaupt?

Im Grunde genommen gibt es mehrere gängige Definitionen von Existenzangst, wie etwa die Angst, das eigene Leben nicht zu meistern, die Angst vor Arbeitslosigkeit, vor dem wirtschaftlichen Ruin, die Angst, als Unternehmen zu scheitern, oder schlicht die Angst, dem Leben keinen Sinn geben zu können respektive am Lebenssinn vorbei zu leben. Es sind nicht immer solch tiefschürfende Existenzfragen, die im Coaching besprochen werden, aber die Wege zu den richtigen Antworten sind immer vielschichtig. Rudimentäre Antworten wären viel zu vage, um eine echte Veränderung anzustoßen.

Es wird allen einleuchten, dass Existenzangst für einen Direktionsangestellten eines mittelgroßen Unternehmens in Deutschland oder der Schweiz sich fundamental von der Existenzangst eines Landwirtes in Cherrapunji, Indien, unterscheidet, der in der Regenzeit des tropischen Klimas, von Mai bis September, mit Niederschlagsmengen um die 2800 mm pro Quadratmeter[1] rechnen muss. Wenn einem Landwirt in dieser Region die Ernte weggespült wird, ist dies gleichsam der Verlust der Existenzgrundlage seiner ganzen Familie, denn nennenswerte staatliche Hilfe gibt es nicht. Für diese Menschen hat das Wort Existenzangst eine ganz andere Bedeutung als bei uns in der westlichen Welt.

Man darf also annehmen, dass es keine eindeutige, allgemeingültige Definition für das Wort Existenzangst gibt. Sie kann je nach Kultur, Wirtschaftsraum, Umwelt anders empfunden und definiert werden. Die Worte Existenz und Angst sind Substantivierungen und abstrakte Begriffe. Handfestes wie eine Tasse oder ein Eimer lässt sich viel leichter beschreiben und definieren als Angst oder Existenz. Für ein Coaching ist es deshalb sinnvoll, zunächst nach der Definition der eigenen Existenz zu fragen. Was definiert meine eigene Existenz? Wenn wir von Angst reden, glauben alle zu wissen, worum es geht, obwohl alle etwas anderes meinen. Wichtig sind fürs Coaching deshalb die Fragen: Woraus besteht die Existenzangst der jeweiligen Person, die Hilfe sucht, und woher kommt sie?

---

[1] In London liegt im gleichen Zeitraum die Niederschlagsmenge um 250 mm. Ray Popooola, Zürich, Schweiz.

1.3 Instinkte bestimmen unser Verhalten

Das Wort Angst[2] ist eng verwandt mit dem Wort Enge – ein beklemmendes, banges Gefühl, bedroht und in die Enge getrieben zu sein. Angst ist also ein menschlicher Instinkt wie viele andere auch. Dass Menschen in relativ sicheren Lebenssituationen Existenzängste haben, liegt nicht nur an der sensationslüsternen Berichterstattung der Medien, wie viele uns glauben machen wollen. Existenzängste sind viel tiefer in uns verankert, denn unser Gehirn und damit auch die Instinkte, sind das Produkt von Millionen Jahre der Evolution.

Angst war bei unseren Vorfahren, den Jägern und Sammlern, eine natürliche Reaktion auf Gefahren. Sie war demnach eminent wichtig und sinnvoll, weil sie das Überleben sicherte. Als die Menschen in kleinen Gruppen umherzogen und lebensbedrohlichen Gefahren ganz unmittelbar ausgesetzt waren, halfen die Instinkte, schnelle Entscheidungen zu treffen, weil man nur so Gefahren sofort ausweichen konnte. Salopp gesagt: Kam ein Tiger um die Ecke, half ein beherzter Sprung über die nächste Hecke – weil Angst sofort den Fluchtreflex auslöst, hatte man bessere Überlebenschancen.

Was den Menschen damals das Überleben gesichert hat, ist heute noch genauso fest in unserem Gehirn verankert. Daran hat sich nichts geändert, unsere Instinkte sind immer noch dieselben. Wenn wir meinen, die eigene Existenzgrundlage sei bedroht, entsteht Stress, der in der Redensart: „es ist zum Davonlaufen", einen bildhaften Ausdruck erhalten hat. Wir verhalten uns also instinktiv immer noch wie unsere Vorfahren.

Was sich aber sehr verändert hat, ist unsere Umwelt. Wir sind deshalb gut beraten, in der heutigen Welt auf echte oder vermeintliche Bedrohungen nicht mit archaischen Reflexen zu reagieren, sondern bedächtig damit umzugehen. Die Existenzangst ist demnach ein zutiefst menschlicher Instinkt, er mobilisiert auf allen relevanten Ebenen, um dieser

---

[2] Der Begriff Angst hat sich seit dem 8. Jahrhundert von indogermanisch „anghu", „beengend", über althochdeutsch „angust" entwickelt. Er ist verwandt mit lateinisch „angustus" bzw. „angustia" für „Enge, Beengung, Bedrängnis" und „angor", „Würgen" (Kluge 1999).

Gefahr zu entgehen. Aber ausschlaggebend für diese Mobilmachung ist ausschließlich die subjektive Wahrnehmung einer betroffenen Person und vielleicht gar keine objektiv echte Gefahr, wie im folgenden Fall, den ich gerne beschreiben möchte.

1.4 Eine Bilderbuchkarriere

Es war ein gut aussehender 38-jähriger Direktionsangestellter, nennen wir ihn Stefan Schweitzer, der mich eines Tages aufsuchte, um über seine Existenzängste zu sprechen. Stefan Schweitzer hatte eine klassische Karriere beschritten, wie sie im Buche steht.

Aus gut bürgerlichem Hause, eiferte er schon in der Pubertät seinem Vater nach, der in jungen Jahren selbst ein erfolgreicher, allseits beliebter Unternehmer war. Mit einem Hang zum Perfektionismus, der den seines Vaters noch überstieg, engagierte er sich bereits während der Matura in Wirtschaftsklubs. In seiner Freizeit spielte er Tennis. Die Matura (Abitur) schloss er mit der Bestnote ab und begann sein Studium mit Wirtschaft im Hauptfach und Marketing im Nebenfach. Danach promovierte er im Schnelldurchlauf, was sich später als Karrierebeschleuniger entpuppen sollte.

Bereits während seiner Studienzeit interessierten sich einige Unternehmen für seine hervorragenden Leistungen. An Karrieremessen fand er viele Gelegenheiten zum Networking und lernte bereits früh potenzielle Arbeitgeber kennen. Angestachelt vom Ehrgeiz und der Anerkennung, finanzierte er sich sein Studium selbst. Schon anderthalb Jahre später, noch vor dem Abschluss seines Studiums, hatte er einen Arbeitsvertrag mit einem bekannten Beratungsunternehmen in der Tasche – und damit aussichtsreiche Karrieremöglichkeiten.

Seine Erfolge weckten nicht nur das Interesse von Unternehmen, er wurde auch zum Favoriten vieler karrierebewusster Frauen. Letztere hat er wohl enttäuscht, denn er hatte seit der Pubertät nur Augen und Ohren für seine gleichaltrige Schulfreundin. Bereits mit 23 Jahren, noch während des Studiums, heirateten sie und schworen sich ewige Treue. Somit waren auch privat die Weichen auf günstige, weil emotional stabile Umstände gestellt.

Mit dem Einstieg in ein Beratungsunternehmen startete seine Karriere. Innert weniger Jahre ging es steil aufwärts: Consultant, Senior Consultant, Manager, Senior Manager. Seine Neider erkannten früh, dass Herr Schweitzer kein One-Hit-Wunder war und ließen sich in seinem Erfolgssog mit nach oben ziehen.

Auch zu Hause lief alles bestens, es gab keine Unstimmigkeiten, die Ehe war glücklich, das Leben schien sicher zu sein. Sie hatten inzwischen einen Sohn, ein weiteres Kind war geplant. Zu dem Zeitpunkt, als Herr Schweitzer meinen Rat suchte, war seine Frau schwanger mit einer Tochter, deren Geburt in vier Monaten erwartet wurde. Frau Schweitzer hatte sich entschieden, ihre Karriere für vier Jahre zugunsten der Kinder und ihres Mannes zu pausieren. Danach sollte es für sie wieder schrittweise ins Berufsleben zurückgehen. Hundertprozentig Hausfrau zu bleiben, war für sie nicht vorstellbar.

1.4 Eine Bilderbuchkarriere

Die Bilderbuchkarriere brachte viele Vorteile mit sich. Herr Schweitzers Spitzenleistungen wurden sehr gut honoriert. Sie konnten sich sehr schnell ein Eigenheim leisten und bald darauf auch eine Ferienwohnung in einem renommierten Skigebiet der Schweiz. Die Arbeitsbelastung wuchs allerdings stetig, die vielen Überstunden und Wochenendeinsätze führten mehr und mehr zu Diskussionen mit seiner Frau, weil ihm nur wenig Zeit für seinen Sohn geblieben war. Trotzdem unterstützte sie ihn weiterhin auf seinem Karriereweg, denn auch sie wollte auf das Erreichte nicht verzichten.

Herr Schweitzer vermisste seine Familie zunehmend und litt daran, so wenig Zeit mit ihr verbringen zu können. Von Freunden und Geschäftspartnern hörte er aber nur, das sei in seiner Position völlig normal. Es gehe ja allen gleich, alle müssten Überstunden leisten. Das sei halt der Preis einer so steilen Karriere und der Modus Operandi in der Firma: Wer keine Überstunden macht, leistet zu wenig und hat in diesem Unternehmen nichts zu suchen.

Herr Schweitzer verhielt sich also konform, wie man es von einem Senior Manager erwartete: Arbeitsleistung und Zeitinvestition waren im Spitzenbereich, die erforderlichen Neukundengeschäfte ebenfalls. Alles stimmte und wo alles stimmt, steht früher oder später eine Beförderung an. Die ließ nicht lange auf sich warten. Bald sollte Herr Schweitzer zum Managing-Partner befördert werden. Als er überlegte, was das bedeutet – der Druck würde exponentiell steigen –, kamen bei ihm erste Zweifel auf. Er fragte sich: Noch mehr Arbeit? Wo bleibt da noch Zeit für die Familie? Und plötzlich zweifelte er auch an seiner Fähigkeit, den Anforderungen als Managing-Partner gerecht zu werden. Vernetzung, Akquisition neuer Projekte und strategische Weiterentwicklung des Unternehmens sind die harte Währung, in der auf der höchsten Stufe der Hierarchie bezahlt wird. Würde er das schaffen? Er bekam dafür zwar ein sehr hohes Gehalt, aber es gab auch einen höheren variablen Anteil, der vom Gesamterfolg des Unternehmens abhing.

Die Zeit verging, Monate zogen ins Land und mit ihnen wachsende Zweifel, die ihm zahllose schlaflose Nächte bescherten. Er fragte sich immer öfter, ob die ganze Situation nicht letztlich seine Existenz als erfolgreicher Berater ins Wanken bringt. Er fragte sich, ob er der Situation noch gewachsen wäre.

Starke Rückenbeschwerden plagten ihn und immer häufiger auch Migräneanfälle[3], die so schmerzhaft waren, dass seine Frau ihn öfters im Geschäft entschuldigen musste, da er zu keinem Wort mehr fähig war. Abklärungen in Schmerzkliniken brachten nur wenig Linderung und das Versprechen neuer Medikamente.

Was war mit Herrn Schweitzer geschehen? Angesichts seiner Bilderbuchkarriere und des perfekt funktionierenden und finanziell rundum abgesicherten Privatlebens sollte Existenzangst überhaupt keine Rolle spielen in seinem Leben.

---

[3] Kopfschmerzen gehören zu den am weitesten verbreiteten gesundheitlichen Leiden in Deutschland. Knapp 40 Prozent der erwachsenen Deutschen sind mehrmals im Monat davon betroffen. Zu den häufigsten Erscheinungsformen primärer Kopfschmerzen zählen die Migräne und der Spannungskopfschmerz.

1.5 Konflikt eruieren

Wie konnte Herrn Schweitzers Existenzangst entstehen? Woher kam sie? Wie hat sie es geschafft, sich nach und nach in sein mustergültiges Leben zu schleichen? Es lief doch alles perfekt: exzellente Zeugnisse, ein ausgezeichnetes Studium, die ideale Berufswahl und eine ungebremste Karriere, in deren Verlauf sich Herr Schweitzer nie über das hohe Arbeitsvolumen beklagt hatte. Ganz im Gegenteil, er fühlte sich beruflich nie überfordert, alles entsprach seinem Naturell. Seine Vorgesetzten honorierten seinen Einsatz nicht nur finanziell, sondern auch mit viel Anerkennung. Er war ein Vorzeigemitarbeiter der Firma. Natürlich könnte man einwenden, dass zu viel Arbeit zu Stress führt und auf die Dauer ungesund ist. Das wäre zwar ein logisches, aber zu schwaches, zu einfaches und unzureichendes Argument, denn viele Menschen, die 60–70 Stunden pro Woche über Jahre hinweg arbeiten, sind damit glücklich und durchaus gesund – eben weil es ihrem Naturell entspricht.

Die Ehe mit seiner Jugendliebe war absolut stabil, es gab nicht die geringsten Zweifel an der Beziehung. Sie hatten sich auch nach 20 Ehejahren nicht auseinandergelebt und weder sie noch er konnten sich vorstellen, ihr Leben jemals mit einem anderen Menschen zu teilen. Die gemeinsame Basis – im gleichen Dorf aufgewachsen, gemeinsam zur Schule gegangen, gemeinsam das bisherige Leben gemeistert – schweißte sie zusammen. Es war praktisch eine Partnerschaft mit Seltenheitswert. Ob eine Langzeitbeziehung zum Wohlbefinden der Partner beiträgt ist aus wissenschaftlicher Sicht zwar umstritten, aber es ist klar, dass der Zusammenhalt in engen Beziehungen positive Auswirkungen hat, vor allem in Bezug auf Langlebigkeit, Wohlbefinden, Produktivität und Immunfunktionen (Kantrowitz und Wingert 1999) des Körpers. Die Qualität der Beziehung beeinflusst oft auch das gesundheitliche Wohlbefinden der Partner (Musick und Bumpass 2006). Frau Schweitzer hat ihren Mann auf seinem Weg auch in schwierigen Zeiten während seiner gesamten Karriere unterstützt. Es kamen bei beiden nie Zweifel auf, dass sie auf dem richtigen Weg waren. Ihnen war auch klar, dass ein ehrgeizig verfolgter Karriereweg im Consulting auf Kosten gemeinsamer Zeit gehen würde, und sie hatten das als nötiges Opfer akzeptiert. Wo lag also das Problem?

Zum ersten Termin kam Herr Schweitzer, wie von ihm angeregt, mit seiner Frau, was eher ungewöhnlich im Coaching ist. Es zeigte mir aber im Verlauf des Gesprächs, dass diese Partnerschaft stark und tragfähig war. Eine tragfähige Beziehung oder ein gutes soziales Netz sind wichtige Faktoren im angestrebten Veränderungsprozess, den ein Coaching bewirken soll. Frau Schweitzer drückte ihre Besorgnis über den gesundheitlichen Zustand ihres Mannes aus, der sich in den letzten Monaten drastisch verändert hatte. Sie bestätigte seine Aussagen, dass die Arbeitsbelastung per se nie ein Thema gewesen sei. Ihr Mann sei äußerst belastbar. Sie würde da keinen direkten Zusammenhang sehen.

Herr Schweitzer offenbarte im ersten Gespräch, dass dieses Coaching nicht sein erster Versuch sei, seine Existenzangst in den Griff zu bekommen. Er hätte sich schon für sechs Sitzungen, über zwei Monate hinweg, bei einem Burn-out-Prophylaxetrainer eingeschrieben und nach einer eingehenden Diagnose meditative Übungen, Ernährungskontrolle und Ruhezeiten genauestens befolgt. Eine Besserung hätte sich aber nicht eingestellt. Ganz im Gegenteil, sein Gedankenkreisel um Geschäft und Familie würde sich noch intensiver drehen.

Vorgehen planen

Aufgrund der präsentierten Informationen und beider Schilderungen vereinbarte ich mit Herrn Schweitzer einen Vorgehensplan und wir definierten die gewünschten Ziele. Seine Frau war nun nicht mehr dabei, was wichtig ist, weil er die alleinige Verantwortung für die Umsetzung trägt – wenn auch mit der Unterstützung seines sozialen Umfelds. Dass seine Frau ihm weiterhin zur Seite stünde, war anzunehmen.

Ich fragte mich, an welcher Stelle in Herrn Schweitzers Biografie ein Wertekonflikt entstanden war. Wie sich die Lage darstellte, schien mir eine Burn-out-Prophylaxe zwar sinnvoll zu sein, bei den langen Arbeitszeiten, den vielen Überstunden, dem hohen Druck des Arbeitsumfeldes und angesichts der Zweifel und Ängste von Herrn Schweitzer. Aber war das genug? Oder gab es darüber hinaus andere Maßnahmen, die ihm helfen könnten, seine Existenzangst zu überwinden?

Intrinsische Motivation

Als Coach interessierten mich die intrinsischen Motive des Klienten: Was treibt ihn an? Wie schafft er diese immense Leistung, die ohne einen starken inneren Antrieb unmöglich ist. Und wie bettet sich seine Motivation in sein berufliches und privates Umfeld ein, die in den ersten zehn Jahren seiner Karriere offensichtlich gut funktioniert, dann aber brüsk eine Veränderung erfahren hat? Was war der Auslöser dafür?

Motive sind so etwas wie der Treibstoff, der einen Menschen anfeuert, das zu tun, was er tut. Die Kombination von verschiedenen Antreibern ist, metaphorisch gesehen, so individuell wie ein Fingerabdruck. Nicht selten werden Motive/Antreiber in den falschen Kontext gestellt und als Schwächen kategorisiert. Aus einer motivorientierten Sicht gibt es jedoch keine Schwächen, es gibt nur Kompetenzen, die einen richtigen Kontext benötigen, um als Stärken ausgelebt zu werden. Als Kontext bezeichnen wir die Umgebung, in der ein Mensch sich erlebt. Das kann z. B. die Beziehung sein, die Arbeit oder auch der Sportverein.

Im richtigen Kontext ist ein Antreiber immer eine Stärke. Ein Mensch, der seine Motive, seine Antreiber sinnvoll ausleben kann, empfindet sich selber im Flow. Die Kernaufgabe in einem motivorientierten Coaching ist es, herauszufinden, wie der Flow erreicht werden kann.

Die Grundlage für ein motivorientiertes Coaching bietet das Reiss Motivation Profile®. Es ist das erste empirisch entwickelte Persönlichkeitsprofil, das offenlegt, was die intrinsischen Motive eines Menschen sind. Es ist wichtig zu betonen, dass es nicht Menschen kategorisieren will, sondern vielmehr aufzeigt, was deren Stärken, Kompetenzen und Emotionen sind – man könnte auch sagen, der Treibstoff, der einen Menschen in Bewegung bringt. Das motivorientierte Diagnostiktool dazu wurde von Steven Reiss entwickelt. Er ging der Frage nach, wovon Menschen sich motiviert fühlen.

Die Auswertung des Persönlichkeitsprofils zeigte, dass Herr Schweitzer ein ausgeprägtes Lebensmotiv Familie hat, was wir allgemein mit Mutter- oder Vaterinstinkte beschreiben. Menschen, bei denen dieses Motiv stark ausgeprägt ist, erfüllt es in besonderem Maße, wenn sie Zeit mit ihren Kindern verbringen können, denn sie bedeuten ihnen alles. Das starke Lebensmotiv Familie macht sie zu fürsorglichen Eltern. Kann diese starke intrinsische Motivation nicht ausgelebt werden, fühlen sich diese Menschen unerfüllt und leer.

Ein mittelmäßig ausgeprägtes Lebensmotiv in Herrn Schweitzers Persönlichkeitsprofil war Anerkennung, dass das Streben nach einem positiven Selbstwert beschreibt. Menschen mit dem ausgeprägten Lebensmotiv Anerkennung fehlt es meist an Selbstvertrauen. Für sie ist Lob der Treibstoff, der sie in Bewegung bringt. In einem Umfeld, in dem Lob ausgesprochen wird, sind Menschen mit diesem Lebensmotiv bereit 200 Prozent zu leisten, denn Zuspruch treibt sie zu Höchstleistungen an. Dennoch befürchten sie häufig, dass man sie schlecht beurteilen könnte.

Während der Reflexion im Feedbackgespräch zum Persönlichkeitsprofil von Herrn Schweitzer lichteten sich die Nebel. Er erzählte, dass sein Mentor, der ihn über viele Jahre begleitet hatte, ihn stets wohlwollend unterstützte. Er bekam von ihm praktisch ausschließlich positive Feedbacks. Der Managing-Partner der Consulting Firma, der ihn an der Universität rekrutiert hatte, begleitete ebenfalls seine Karriere über knapp zehn Jahre und auch er habe ihn immer fair beurteilt und ihm fast so etwas wie ein zweites Zuhause gegeben, war also auch eine Art Familie.

Erst jetzt wurde es Herrn Schweitzer bewusst, dass ihm seine Familie noch viel wichtiger ist, als er ohnehin schon angenommen hatte. Die Angst und damit der Konflikt entstanden somit in der Spannung zwischen den Erfolgsaussichten in der Firma und einem möglichen Versagen, das seine Familie belasten könnte. Herr Schweitzer fragte sich: Was würde geschehen, wenn ich den hohen Ansprüchen nicht mehr gerecht werden würde? Würde ich mir dann einen neuen Job suchen müssen, der vermutlich nicht mehr so attraktiv wäre wie der aktuelle? Würde ich meine Familie, dich ich über alles liebe, damit nicht enttäuschen?

Nach der Theorie des Persönlichkeitsprofils von Steven Reiss können wir davon ausgehen, dass die Lebensmotive nach Abschluss der Prägungsphase (ca. 13. Lebensjahr) bis ins hohe Alter relativ stabil bleiben. Die tief in uns verankerten Lebensmotive sind also, mit größter Wahrscheinlichkeit, genetisch vorgegeben. Die Motive auf der Persönlichkeitsebene verändern zu wollen ist deshalb sinnlos. Es ist viel sinnvoller, die Lebensmotive als Kompetenzen zu verstehen und sich ein Lebensumfeld zu schaffen, in dem man diese Motive (Stärken) leben kann. So sind Menschen in der Lage, mit ihrem naturgegebenen Inventar an Fähigkeiten und Kompetenzen, das Beste zu geben.

Das starke Lebensmotiv Familie und die damit verbundenen Wünsche, viel Zeit mit seiner Familie zu verbringen, sie zu vermissen, wenn man längere Zeit nicht zu Hause ist, sind keine Schwäche. Ebenso nicht das Bedürfnis nach Anerkennung oder der Wunsch, seine Aufgaben bestmöglich zu erfüllen. Beides sind Stärken, wenn man sie richtig einsetzt. Herr Schweitzer war also in einer Pattsituation zwischen Familie und Beruf eingeklemmt.

Bei solchen Pattsituationen helfen auch Burn-out-Prophylaxe, Tipps und Ratschläge herzlich wenig. Es waren nie die hohen Stundenzahlen in der Beratungsfirma und bei Kunden und auch nicht der harte Wind, der einem in der Beratungsbranche entgegenweht, die bei Herrn Schweitzer eine Existenzangst hervorriefen. Es war die wachsende Spannung zwischen steigenden Verpflichtungen für seine Familie – das bald erwartete Neugeborene – und der anstehenden Beförderung zum Managing-Partner, die noch mehr Anforderungen an ihn stellten würde. Als Managing-Partner stünde er oben auf der Karriereleiter. Sein Vorgesetzter in der Beratungsfirma, der ihn vor einigen Jahren rekrutiert hatte, würde früher oder später aus der Firma austreten und Platz für seinen Schützling machen. Wer würde ihm dann noch jene Anerkennung geben, die ein intrinsisches Bedürfnis von ihm ist?

Wenn bei Menschen mit einem ausgeprägten Lebensmotiv nach Anerkennung dieses Bedürfnis nicht befriedigt werden kann, fühlen sie sich niedergeschlagen, unsicher, unentschlossen und frustriert.

Klassische Coachingansätze setzen meist recht kurzsichtig auf der Kompetenzebene eines Klienten an oder gar auf der Verhaltensebene. Das würde kurzfristig und vorläufig die gewünschte Veränderung hervorbringen, für eine stabile Verhaltensänderung müssen aber die grundlegenden Motive eines Menschen berücksichtigt werden.

Mit einem Diagnostiktool wie dem Reiss Motivation Profile® ist es möglich, auf den eigentlichen Persönlichkeitskern eines Menschen zu blicken. Die daraus erwachsenden Bedürfnisse werden in darauffolgenden Veränderungsprozessen mit einbezogen und aktiv genutzt. Das heißt auch, dass dieses Diagnostiktool keine Coachingintervention ist, sondern gleichsam die Grundlage für ein Coaching bildet.

Im Fall von Herrn Schweitzer galt es in den darauffolgenden Prozessen, seine besonders ausgeprägten Lebensmotive Familie und Anerkennung zu berücksichtigen und zu respektieren.

1.6 Wohlgeformte Ziele

Mit dem Diagnostiktool ließen sich Herrn Schweitzers hoher Leistungswillen und sein Hang zum Perfektionismus erklären. Basierte sein 20-jähriger beruflicher Erfolg nur darauf? Nebst seinem überdurchschnittlichen Leistungswillen würde man zumindest einen Karriere- oder Lebensplan erwarten. Aber nichts von alledem schien vorhanden zu sein. Auf die Frage, wie Herr Schweitzer sich dies erkläre, antwortete er: „Ich hatte keine Pläne, keine Vorstellungen. Es lief einfach."

In diesem Moment erinnerte ich mich an unzählige Coachings, an Gesichter von jungen Unternehmerinnen und Führungskräften, die sich abgestrampelt hatten, um auf einen grünen Zweig zu kommen. Ich hatte erst wenige Coachees, denen eine Topkarriere so leicht gefallen war wie Herrn Schweitzer, obwohl die vielen Überstunden, die er über die Jahre erbracht hatte, keineswegs leicht zu bewältigen waren. Eine Karriere wie die seine war schon außerordentlich. Alles deutete darauf hin, dass Herr Schweitzer sich lange in einem Flowzustand befand. Bewusst ist ihm das nicht gewesen. Ein Mensch im Flowzustand wird von seiner eigenen Energie mitgerissen. Dabei empfindet er Leichtigkeit, er könnte, scheinbar ohne viel Energie zu investieren, endlos weitermachen wie ein Perpetuum mobile. Dabei erlebt er sich mit seinem Können gefordert, aber weder überfordert noch unterfordert.

Nun war der Zeitpunkt gekommen, auf der Ebene der Zukunftsplanung Klarheit zu schaffen. Als nächsten Schritt begannen wir mit der Entwicklung sogenannter wohlgeformter Ziele. Sie sind erweiternde Merkmale des klassischen SMART[4]-Begriffes. Ziele, die auf diese Art definiert werden, können klein und konkret sein und einen Wow-Effekt haben. Sie sind der Anfang von etwas und nicht das Ende, das erreicht werden will.

---

[4] S: spezifisch, M: messbar, A: attraktiv, R: realistisch, T: terminiert. Anmerkung: Die Begriffe sind nicht normiert und weichen je nach fachlichem Bereich ab. Von der Bedeutung her sind sie meist ähnlich.

1.6 Wohlgeformte Ziele

Die Wohlgeformtheitskriterien für Ziele besagen, dass das Ziel im eigenen Einfluss- und Handlungsbereich liegen muss. Demnach wäre das Ziel, Ende des Jahres befördert zu werden oder die besten Verkaufszahlen abzuliefern, der Definition zufolge aber kein Ziel, sondern ein Wunsch oder eine Hoffnung, auf die Coachees keinen Einfluss haben. Des Weiteren wird ein Ziel positiv formuliert und beinhaltet weder Negationen noch Vergleiche. Das Ziel könnte beispielsweise, negativ formuliert, Folgendes sein: Ich will weniger Termine haben. Besser wäre die positive Formulierung: Ich will mehr freie Zeit haben. Bei der Zielformulierung wird auch die Ökologie, also das Umfeld im Einflussbereich des Zieles beachtet, was bedeutet, dass jedes erreichte Ziel immer auch einen Einfluss auf mehr oder weniger wichtige Bereiche des persönlichen Umfelds hat. So kann das Ziel, bis Ende des Jahres die 500.000 €-Marke zu knacken, bedeuten, dass man regelmäßig 70 bis 90 Stundenwochen hat. Das könnte Einfluss auf die Beziehung, die Familie und die Gesundheit haben, den man nicht bereit ist einzugehen. Wenn also diese Lebensbereiche in einer Zieldefinition vernachlässigt werden, ist das Ziel nicht ökologisch und wird mit größter Wahrscheinlichkeit nicht erreicht. Zudem muss das Ziel nicht nur spezifisch, sondern sinnesspezifisch, also klar vorstellbar, sein. Man kann sich dabei vorstellen, wie man aussieht, wie man sich verhalten und reden würde, sogar wie es sich anfühlen würde, wenn man das Ziel erreicht hat.

Daher stellte ich Herrn Schweitzer einige Fragen in Bezug auf seine Vorstellungen eines Lebens mit gelösten Problemen oder zumindest weniger belastenden Problemen. Mit weiteren, ähnlichen Fragen unterstützte ich ihn dabei, ein detaillierteres und lebhaftes Bild eines zufriedenstellenden Lebens zu entwickeln. Mithilfe der von mir gestellten Fragen konnte Herr Schweitzer sehr konkret beschreiben, was er zum Wohle seiner Kinder anders anpacken würde, wenn die Angstprobleme gelöst wären.

Herr Schweitzers Planungskompetenz und sein Vermögen, das klassische Konzept von SMART mit den Wohlgeformtheitskriterien zu erweitern und gleich umzusetzen, waren beachtlich. Das hat vermutlich viel mit seiner langjährigen Beratungstätigkeit zu tun und mit seiner Fähigkeit, sowohl konzeptionell als auch praktisch schnell umsetzen zu können. Mit diesen Fähigkeiten konnten wir bereits in der ersten Coachingsession schnell Fortschritte erzielen.

Seine intrinsischen Bedürfnisse stets im Blickwinkel, erarbeiteten wir einen kurz-, mittel- und langfristigen Entwicklungsplan, der Beruf und Familie umfasste. Er war sich bewusst, und es war für ihn durchwegs stimmig, dass er vor allen künftigen Entscheidungen im beruflichen Bereich, die möglichen Auswirkungen auf die Nähe zu seinen Kindern und seiner Frau reflektieren musste.

Der für mich als Coach überraschendste Moment war gekommen, als sich Herr Schweitzer in einer absoluten Klarheit entschieden hatte, die Beförderung zum Managing-Partner respektvoll abzulehnen. Ihm war klar, dass das seinen Mentor und seine Vorgesetzten überraschen und vielleicht auch enttäuschen würde. Er wusste aber, dass er bei Mentor und Vorgesetzten absolutes Vertrauen genoss und deshalb auch mit Fragen privater Natur auf offene Ohren stoßen würde. Hier zeigte sich im Coaching das bei Herrn Schweitzer ausgeprägte Motiv Anerkennung.

1.7 Fazit

Existenzängste sollte man ernst nehmen. Die ureigenen, angstauslösenden Instinkte erfüllen biologisch gesehen ihren Zweck. Wenn die innersten Bedürfnisse, auch die nicht bewusst wahrgenommenen, stets übergangen werden, kann das zu erheblichen Belastungen führen. Das äußert sich oft in psychosomatischen Beschwerden, Rückenschmerzen, Migräne, wie bei Herrn Schweitzer, oder gar in psychischen Beeinträchtigungen.

Herr Schweitzer war zweifelsohne erfolgsverwöhnt. Er wuchs in einem gut beschützten, bereits erfolgreichen Umfeld auf, wurde gefördert, konnte seine Talente vielseitig einsetzen und war auch privat glücklich. Er musste sich nicht besonders anstrengen, seine Karriere lief wie von selbst. Er bewältigte selbst enorme Arbeitspensen mit Leichtigkeit, Überstunden und Wochenendarbeit machten ihm nichts aus. Seine Frau unterstützte ihn vorbehaltlos, er führte eine glückliche Ehe, alle Zeichen standen auf Erfolg. Trotzdem hatte er irgendwann mit – eigentlich irrationalen – Existenzängsten zu kämpfen, die sich immer mehr in psychosomatischen Krankheitssymptomen äußerten, wie Migräneanfällen, Rückenbeschwerden, Schlaflosigkeit. Es war naheliegend, das alles auf Überforderung, auf ein Übermaß an Arbeit zurückzuführen, aber Herr Schweitzer fühlte sich diesbezüglich nicht überlastet, die viele Arbeit machte ihm nichts aus, was auch seine Frau bestätigt hatte.

Erst das systematische Vorgehen im Coaching brachte die wahren Gründe seiner Existenzangst ans Licht: Der Grund seiner Angst lag in der Spannung zwischen den Erfolgsaussichten in der Firma, die seine Familie belasten könnten, weil er kaum mehr Zeit für sie aufbringen würde. Er stellte sich vor was passieren würde, sollte er den hohen Ansprüchen irgendwann nicht mehr gewachsen sein. Würde er sich dann einen weniger attraktiven Job suchen müssen und würde das nicht seine Familie enttäuschen?

Da er in einer Pattsituation zwischen Beruf und Familie eingeklemmt war, musste er etwas unternehmen, um die steigende Spannung zwischen den Verpflichtungen für seine Familie, die ein intrinsisches Bedürfnis von ihm waren, und die exponentiell steigenden Anforderungen seines Berufes aufzulösen. Er entschied sich für die Familie und lehnte eine weitere Beförderung in der Firma ab.

Karriere kann also einerseits leicht vonstattengehen, aber gleichzeitig den eigenen Bedürfnissen widersprechen. Viel Arbeit ist nicht per se belastend, viele meiner Klienten arbeiten gerne und viel, ein Großteil bezeichnet seine Arbeit gar als freudige Beschäftigung. Wichtig dabei ist es aber, die intrinsische Motivation zu erkennen. Ist sie deckungsgleich mit den Anforderungen, entsteht innere Zufriedenheit. Die inneren Antreiber wirken dann wie Treibstoff.

Wichtig fürs Coaching: Der Persönlichkeitskern kann und sollte nicht verändert werden, das kann kein Ziel sein. Vergleiche mit anderen Menschen sind wenig hilfreich. Das Ziel ist idealerweise ein eigener Flowzustand, seinen eigenen Bedürfnissen treu zu bleiben und Ängste bewusst wahr- und ernst zu nehmen.

Es wäre fatal, Anzeichen wie Angst zu ignorieren. Nicht auszumalen, was im Fall von Herrn Schweitzer über eine längere Dauer hätte passieren können. Gesundheitlich gesehen hat sich Herr Schweitzer in den darauffolgenden zwei Monaten intensiven Coachings rasch erholt. Ungefähr sechs Wochen nach Coachingbeginn gab es einen kurzen Rückfall mit einer migräneartigen Episode, die aber bei Weitem nicht so schlimm war wie anfangs.

Literatur

Kantrowitz, B., & Wingert, P. (1999). The science of a good marriage. *Newsweek*. https://www.newsweek.com/science-good-marriage-165020. Zugegriffen am 24.04.2019.

Kluge, F. (1999). *Etymologisches Wörterbuch der deutschen Sprache*. Berlin: de Gruyter.

Musick, K, & Bumpass, L. (2006). Cohabitation, marriage, and trajectories in well-being and relationships. California Center for Population Research on-line working paper series. https://escholarship.org/uc/item/34f1h2nt. Zugegriffen am 16.04.2007.

2 Versagensangst

2.1 Die Yogaschule der Frau Weibel

Die Angst, zu versagen, kann alle treffen. Sie gehört zu den größten Blockaden des Erfolgs und zu den größten persönlichen Belastungen. Menschen, die unter Versagensangst leiden, sind kaum mehr in der Lage, im entscheidenden Moment ihr ganzes Potenzial abzurufen. Viele geben vorzeitig auf oder kommen nicht mehr wirklich voran, weil sie sich gelähmt fühlen. Doch auch Versagensangst kann durch systematisches Vorgehen im Coaching überwunden werden, wie ich im folgenden Beispiel darlege.

Zukunftsvision oder Luftschloss?
Als die heute 45-jährige Frau Weibel einen um fünf Jahre älteren, sehr erfolgreichen Unternehmer geheiratet hat, war sie von ihm schwanger. Ihr Mann stand damals am Anfang seiner Karriere und sie hat ihn über die Jahre auf seinem beruflichen Weg begleitet und unterstützt. Ohne ihre Unterstützung wäre ihr Mann niemals so erfolgreich gewesen, das hat er ihr immer wieder bestätigt und darauf war sie sehr stolz. Zumal sie ihre eigene, semiprofessionelle Leichtathletikkarriere aufgegeben hatte, als sie schwanger geworden war. In den folgenden Jahren hatte sie sich ganz der Familie gewidmet.

Zum Zeitpunkt des Coachings war ihre Tochter gerade erwachsen geworden. Die inzwischen 19-jährige war sehr anspruchsvoll, äußerst fordernd und beanspruchte ihre Mutter nach wie vor unverhältnismäßig. Trotzdem nahm sich Frau Weibel Zeit für ihre eigenen Bedürfnisse. Die sportliche Frau hatte sich für regelmäßiges Fitnesstraining entschieden und war zu jenem Zeitpunkt seit circa sechs Jahren auch im anhaltenden Yogafieber. Nach zwei Jahren intensiver Yogapraktik hatte sie sich für eine Ausbildung zur Yogalehrerin entschieden und den Lehrgang auch erfolgreich abgeschlossen. Danach plante sie, eine eigene Yogaschule zu eröffnen, getraute sich aber nicht aus Angst, zu versagen, aber auch aus Angst, den gefühlten Ansprüchen ihres Mannes und ihrer Tochter nicht mehr nachkommen zu können. Zudem glaubte sie, ihr Mann würde sie nicht mehr so schätzen wie früher, wenn sie ihre Zeit und Kraft in ihr eigenes Geschäft investieren würde. Ihr Mann beteuerte zwar das Gegenteil, sie aber fürchtete sich, aus seinem Schatten zu treten. Sie befürchtete auch, dass eine kleine Yogaschule den Vergleich mit dem Unternehmen ihres Mannes kaum standhalten würde. „Diese Yogaschule ist eigentlich nur mein kleines Luftschloss, danach kräht doch kein Hahn", meinte sie resigniert.

Situationsanalyse im Coaching
Auf der Suche nach dem roten Faden dieses Coachings ging es zunächst um ein Persönlichkeitsprofil, erstellt anhand ihrer Kompetenzen und Fähigkeiten. Das Profil zeigte, dass sie eine hohe Ausprägung in Anerkennung hat und dadurch schnell an sich selbst zweifelte. Etwas Neues anzugehen schien ihr durch die daraus resultierende pessimistische Haltung von Anfang an unmöglich. Sie hatte zudem eine sehr hohe Ausprägung im Bereich körperlicher Aktivität. Alle anderen Items konnte ich für das weitere Coaching vernachlässigen.

2.1 Die Yogaschule der Frau Weibel

Im ersten Coaching konzentrierten wir uns auf das Persönlichkeitsprofil, den Aufbau eines vertrauensvollen Rahmens für die kommende Zusammenarbeit und die Vermittlung von Aufgaben, die sie auf dem Weg der Veränderung begleiten sollten. Frau Weibel war vollkommen angetan und begeistert über die Tatsache, in ihrem Persönlichkeitsprofil so viel über die eigene Person zu erkennen. Sie sah sich korrekt wiedergegeben und erkannte, dass die verschiedenen Ausprägungen ihres Profils ihr Verhalten signifikant beeinflussten. Ihr wurde bewusst, dass sie ihre Bedürfnisse hinter den Ausprägungen akzeptieren und respektieren sollte, um sich glücklich und zufrieden zu fühlen. Da laut Persönlichkeitsprofil Lob und Anerkennung zu den Treibern ihrer Zufriedenheit zählten, gab ich ihr die Aufgabe, zu reflektieren, wer oder was in ihrem Leben ihr das Gefühl von Anerkennung vermittelte.

Eine weitere Aufgabe, die ich nicht nur ihr, sondern den meisten Klienten mitgebe, ist das Üben von nichtgeführter, achtsamkeitsbasierter Meditation über 20 bis 30 Minuten pro Tag.

> **Übersicht**
>
> Achtsamkeitsbasierte Meditationsformen haben in den letzten Jahren einen beachtlichen Aufschwung erfahren. Was Buddhisten seit über 2500 Jahren beschäftigt, nämlich die Frage, was Bewusstsein ist, erlebt heute einen (ideologie- und religionsfreien) Zuspruch in der westlichen Welt. Weil Meditationen Bewusstsein schaffen, was Realität und was Fiktion ist, empfehle ich sie gerne in meinen Coachings. Bei der achtsamkeitsbasierten Meditation konzentriert man sich auf das Jetzt: Was ist in diesem Moment körperlich wahrnehmbar? Tauchen ablenkende Gedanken auf, ist man angehalten, sich gleichmütig wieder auf den Körper zu konzentrieren. Dadurch werden Meditierende angeleitet, sich nur auf das momentan körperlich Wahrnehmbare zu konzentrieren.
>
> Der Lerneffekt ist in der Regel ein ganz besonderer. Klienten lernen, sich aus ihrem Kopfkino zu lösen. Sie nehmen auch viel deutlicher wahr, ob sie wieder in eine Vorstellung abgleiten, die es nur in ihrem Kopf gibt. Als Nebeneffekt fühlen sie sich entspannter und konzentrierter. Man lässt sich nicht mehr so leicht vom Zug der Gedanken ablenken und mitreißen. Mittlerweile können auch physiologische Veränderungen durch Meditation nachgewiesen werden. Eine Studie belegte, dass achtsamkeitsbasierte Meditation die Hirnstruktur verändern kann, indem sie den zerebralen Kortex stärkt, der mit Aufmerksamkeit und emotionaler Stabilität zu tun hat (Sevinc et al. 2016).

Das zweite Coaching fand etwa drei Wochen später statt. Zwischen diesen beiden Sitzungen gab es kein Follow-up-Gespräch per Telefon oder Video wie üblich. Frau Weibel berichtete, dass sie seither viel weniger Episoden des Zweifelns und der Unsicherheit erlebt hatte. Die Angst, mit einem Yogastudio zu versagen, war aber geblieben. Aber sie hatte über die Reflexionsstruktur erkannt, dass zwei Bekannte aus ihrem Umfeld sie negativ beeinflussten, worauf sie beschloss, diese Kontakte zu reduzieren. Sie war sich viel bewusster geworden, was ihr im Umgang und im Zusammenleben mit anderen Menschen wichtig war.

Wir haben im zweiten Coaching die Zielökologie für die Eröffnung einer Yogaschule überprüft. Die Zielökologie zu überprüfen bedeutet, nebst den klassischen SMART-Zielkriterien auch sicherzustellen, dass das Ziel in ihrem Einflussbereich liegt. Zudem wurde überprüft, ob die Auswirkungen auf dem Weg zum Ziel auch in ihrem sozialen Umfeld sinnvoll und unterstützend angenommen wurden. Ziele werden erfahrungsgemäß schnell formuliert. Werden sie aber nicht erreicht, liegt es in der Regel an einer fehlenden Zielökologie. Bei Frau Weibel waren die Ziele perfekt formuliert, Zweifel waren ausgeschlossen. Nebst den Zielen überprüften und veränderten wir tief verwurzelte, limitierende Glaubenssätze aus ihrer Jugend. Dabei ist anzumerken, dass die Glaubenssätze sich nicht in Luft aufgelöst, sondern einen Sinn und einen zweckmäßigen Kontext gefunden haben.

Einer dieser Glaubenssätze war: Ich kann das nicht. Er ist, wie andere Glaubenssätze auch, im richtigen Kontext sehr sinnvoll, verhindert er doch, etwas tun zu wollen, was man wirklich nicht kann. Aber im falschen Kontext wirkt er beeinträchtigend. Man gerät in eine Endlosschleife von Wollen und vermeintlich nicht können. Man steckt fest. Unser Prozess in dieser Phase des Coachings führte letztlich weg von der Vorstellung, etwas nicht zu können, hin zu der Frage: Was brauche ich, damit ich das kann? – Also in eine Vorwärtsbewegung. Das zweite Coaching endete in einer sehr motivierten Stimmung, weil sich Frau Weibel ihres eigenen Veränderungspotenzials und der Stärken ihres Denkens bewusster geworden war. Wir vereinbarten ein drittes Coaching vier Wochen später.

Nach drei Wochen hinterließ sie mir eine Nachricht auf dem Telefonbeantworter: Sie würde kein weiteres Coaching mehr benötigen. Bei ihr habe sich auf einmal „alles gelöst". Ich rief zurück. Sie könne nicht sagen, was genau passiert sei oder was ich gemacht habe, erzählte sie. Aber eines morgens sei sie aufgewacht und ihr sei bewusst gewesen, was sie tun werde. Die ersten Schritte habe sie bereits in Angriff genommen, nämlich mit ihrem Mann gesprochen, ihm einen Businessplan vorgelegt mit der Bitte um finanzielle und beratende Unterstützung. Er sei regelrecht begeistert gewesen von ihrer „neuen" Haltung und ihrem Plan. Nun sei sie wieder wie früher, habe er gesagt, voller Energie, Pläne und Lebensfreude.

Frau Weibel war offensichtlich in einem Flow. Wir haben vereinbart, dass sie sich melden werde, falls der Flow nachließe und sie wieder Unterstützung bräuchte.

2.2 Fazit

Frau Weibel ist sich durch die Achtsamkeitsmeditation ihrer Stärken und sich selber bewusster geworden. Sie konnte sich von den hindernden Vorstellungen ihres Kopfkinos lösen und klare Gedanken fassen, die konkrete Pläne zur Folge hatten. In ihrem Persönlichkeitsprofil fand sie die nötige Stütze für ihre Wünsche und Bedürfnisse. Sie erkannte, dass ihre Persönlichkeit für ihre Ziele nützlich war. Sie hatte gelernt, ihre Unsicherheit, das Hinterfragen und die Zweifel als Kompetenz zu verstehen und als Startrampe zu nutzen. Damit wurde der Zweifel: „ich kann das nicht", in Aktionsenergie umgewandelt. „Versagen oder Erfolg kann man nur rückblickend beurteilen und nicht vorausschauend", sagte sie mir am Telefon. Das sei ihr nach einer Meditationsübung bewusst geworden. Ein Satz, den sie selbstverständlich auch vorher schon kannte, aber erst jetzt sei der richtige Zeitpunkt entstanden, ihn auch wirklich zu verstehen.

Im Grunde genommen hatte Frau Weibel alle Fähigkeiten, um ein eigenes Unternehmen aufzubauen. Was ihr fehlte, war nur der Mut dazu. Der kam aber, als sie erkannte, dass es nur ihre Vorstellung, sie sei dafür nicht geeignet, war, die sie blockiert hatte, und keine objektive Tatsache.

Menschen stolpern nicht über Berge, sondern über Maulwurfshügel (Konfuzius,[1] chinesischer Philosoph 551–479 v. Chr.).

Literatur

Sevinc, G., et al. (2016). Common and dissociable neural activity after mindfulness-based stress reduction and relaxation response programs. *Psychosomatic Medicine, 80*(5), 439–451.

---

[1] Latinisierter Name für Kongfuzi, K'ung-fu-tzu, „Meister Kong", eigentlich Kong Qiu, Kyung Ch'iu.

Angst vor Veränderungen 3

3.1 Entscheidungskonflikt

Sind Menschen derart verzweifelt, dass sie an Berufen, Wohnorten und Lebenspartnern festhalten, als wäre es der letzte Strohhalm im Leben, auch wenn bereits alle Zeichen auf Veränderung stehen? Unter welchen Umständen fallen Veränderungen manchen Menschen so extrem schwer? Wie kann Veränderung leichter gemacht werden? Das sind Fragen, die auch Menschen in Spitzen- und Führungspositionen nachts schlaflos und tagsüber nicht zur Ruhe kommen lassen. Überraschend ist das nicht. Veränderungen, besonders die unvermittelten und unerwünschten, erschüttern bei jedem Menschen, auf die eine oder andere Weise, die Grundfesten der Sicherheit. Die Angst vor Veränderung scheint in unseren Genen tief verankert zu sein.

Das Thema Veränderung hat schon die Griechen der Antike beschäftigt. Aber auch in den Philosophien des Fernen Ostens[1] finden sich zahlreiche Aphorismen zum Thema Veränderung und dem Umgang damit. Auch sie erkannten, dass Veränderung immer wieder, in allen Lebensbereichen, unvermeidlich ist. Veränderung ist allgegenwärtig und lässt sich nicht aufhalten. Warum also sich dagegen wehren und vor allem warum Angst davor haben, wenn Veränderung in der Natur der Dinge liegt?

Stellen Sie sich vor, Sie wüssten, dass eine Veränderung an Ihre Tür klopft, etwa ein alter Studienkollege, der Sie abwerben möchte. Das sieht zunächst nicht nach einer schwierigen Entscheidung für Sie aus. Und doch werden vor allem die Umstände entscheidend sein. Denken wir diese Story doch einmal weiter, als wäre Ihre persönliche Geschichte: Sie sind ein langjähriger Mitarbeiter und sehr geschätzter Arbeitskollege, der viel für die Firma geleistet hat. Ihre Position als Direktor macht Sie, mit 15 Jahren Firmenerfahrung, zum Vertrauten des Inhabers. In zahlreichen Verhandlungen mit ausländischen Lieferanten haben Sie bereits Kontakte spielen lassen, um große Aufträge für die Firma sicherzustellen. Dies hat mehr als nur einmal die Quartalszahlen verbessert und dazu geführt, dass Geschäftsbereiche weiterbestehen konnten. Über die Jahre hinweg hat sich zwischen Ihnen und dem Inhaber und Geschäftsleiter eine Freundschaft entwickelt. Sie schätzen diese Freundschaft sehr. Auch Ihre Familie und die des Firmeninhabers sind häufig miteinander in Kontakt, da sie nicht allzu weit voneinander entfernt wohnen. Ihre Kinder, die etwa im gleichen Alter sind, gehen jeden Morgen gemeinsam zur Schule, obwohl sie nicht in der gleichen Klasse sind.

Die Firma, für die Sie arbeiten, ist in Familienbesitz und wird in dritter Generation sehr erfolgreich am Markt geführt. Die letzten 30 Jahre waren praktisch nur von Wachstum geprägt und auch den digitalen Wandel hat man in der Firma sehr erfolgreich umgesetzt. Der Firmeninhaber hat Sie nach der letzten Direktionssitzung vor vier Wochen zur Seite genommen und durchblicken lassen, dass er Sie für seine Nachfolge vorgesehen hat. In vier Jahren sei es für ihn genug, hatte er hinzugefügt. Siebzig Jahre sei ein gutes Alter, um in Pension zu gehen. Die Nachricht überrascht Sie nicht besonders. Sie wissen, dass Sie quasi das beste Pferd im Stall sind und die anderen Direktoren Ihnen nicht das Wasser reichen können. Des Weiteren wissen Sie, dass die Kinder des Inhabers nicht das Unternehmen weiterführen wollen. Auch möchte er nicht eine externe Fachkraft einstellen, die keine Erfahrung in der Firma hat und somit sein Vertrauen nicht genießt. Insgeheim haben Sie sich gewünscht, dass er eines Tages an Sie herantritt, um Ihnen das Angebot zu machen, die Firma in seiner Tradition weiterzuführen.

Der Firmeninhaber weiß aber noch nichts davon, dass man Sie mit einem sehr verlockenden Angebot abwerben will, dass Sie als Nummer eins in einem sehr erfolgreichen, multinationalen Unternehmen starten könnten. Sie haben dieses Unternehmen schon lange im Blick, haben es seit seiner Gründung 20 Jahre zuvor aufmerksam verfolgt. Sie sind beeindruckt von der steilen, erfolgreichen Expansion und der lehrbuchmäßig umgesetzten Strategie. Und was Ihnen die Entscheidung noch schwieriger macht: Sie hätten bereits bei

---

[1] „Du kannst jemanden verändern, wenn du ihn akzeptierst" (Laotse, Begründer des Taoismus).

der Gründung des Unternehmens dabei sein können, haben sich damals aber aus gutem Grund dagegen entschieden. Denn die Zeit, die Sie in der Gründungsphase hätten investieren müssen, wäre auf Kosten Ihrer jungen Familie gegangen. Diesen Preis wollten Sie nicht zahlen. Jetzt aber haben Sie ein neues Angebot erhalten und müssen sich entscheiden. Was tun Sie nun?

Vor dieser Entscheidungsfrage stand Herr Buchmeier – und damit bei mir, mit der Anfrage um eine Begleitung. Drei Monate Zeit blieben ihm für diese Entscheidung. Sollte er die Nachfolge in der Firma seines Freundes antreten oder die Topmanagementposition im multinationalen Unternehmen annehmen? Für Herrn Buchmeier war es eine Entscheidung zwischen seiner Wunsch- und seiner Traumfirma, wie er es formulierte.

Es soll Menschen geben, die in einer solchen Situation, ohne mit der Wimper zu zucken, auf Veränderung setzen und sich dabei auf soziale Selbstverantwortung berufen, wie Herr Buchmeier versicherte. So etwas emotionslos durchzuziehen, erschwere ihm sein Moralverständnis, versicherte Herr Buchmeier unmissverständlich und mit Nachdruck.

Seine Frau hatte Herr Buchmeier über das Angebot der externen Firma noch nicht informiert, weil die Freundschaft zwischen ihr und der Familie des Firmeninhabers sehr eng war. Bevor er es ihr mitteilen würde, wollte er seine eigenen Gedanken und Emotionen klären. Seine Fragen an mich waren folgende: Wie kann ich in einer solchen Situation Höchstleistung erreichen? Wie gehe ich mit diesen anstehenden Veränderungen am besten um?

In mutmaßlich allen Coachinganfragen mit Veränderungen als Thema sind motivorientierte Vorgehensweisen von Vorteil. Kennt man erstmal die Motive, die einen Menschen bewegen zu tun, was er tut, wird die Handlungsebene schnell klar. Denn oftmals stehen situationsbedingte Motive im Konflikt mit den persönlichen Motiven einer Person. Es ist zum Beispiel nicht sinnvoll, einen jungen Mitarbeiter mit einer Führungsrolle zwangszubeglücken, wenn bei ihm das Lebensmotiv Macht nur schwach ausgeprägt ist. Menschen mit einem niedrigen Lebensmotiv Macht sehen sich viel lieber in einer zurückhaltenden Position und überlassen gerne anderen die Führungsrolle. Der junge Herr in diesem

Beispiel würde wahrscheinlich versuchen seiner Rolle so gut wie möglich gerecht zu werden, sich dabei aber nie wohlfühlen, weil es nicht den Motiven seiner Persönlichkeit entspricht. Demzufolge wird er nie seine Bestleistung erreichen können, die er in einem seiner Persönlichkeit entsprechenden Bereich erreicht hätte.

3.2 Eine Frage der Persönlichkeit

Für Herrn Buchmeier war die Frage nach den Entscheidungen und den damit im Zusammenhang stehenden Veränderungen eine Frage der Persönlichkeit. Es ging also zunächst darum, seine Persönlichkeitsmerkmale zu ergründen.

Das Reiss Motivation Profile® ermöglicht erfahrenen Coaches den Persönlichkeitskern eines Menschen mit seinen Bedürfnissen zu verstehen. Wir können davon ausgehen, dass der Persönlichkeitskern durch die genetische Erbmasse, vorgeburtliche Prägung und frühkindliche Erfahrung gesteuert wird. Wissenschaftlich gesehen gibt es heute keine vernünftigen Zweifel daran, dass Erlebnisse vor, während und nach der Geburt auf ein unreifes und sich schnell entwickelndes Gehirn Einfluss haben. Auch die Fähigkeit, Stress zu ertragen, und die Empfindlichkeit für Schmerz im Erwachsenenalter werden vorgeburtlich und durch die Ereignisse während der Geburt bestimmt (Roth und Strüber 2014). Dies verdeutlicht, warum der Persönlichkeitskern eines Menschen, wenn überhaupt, dann nur schwer verändert werden kann.

Je höher eine Coachingthematik in der Hierarchie steht, um so langwieriger kann die angestrebte Veränderung sein – das ist ein Grundsatz im Coaching. Gleichzeitig aber werden sich die erreichten Veränderungen auch tief greifender auf andere Bereiche auswirken.

Das Modell der logischen Ebenen (Abb. 3.1) hat Mitte der 1980er-Jahre Robert Dilts geprägt. Die Grundlage dazu lieferte Gregory Batesons Modell des Lernens und der Veränderung. Dieser hatte ein an die Naturwissenschaft angelehntes Verständnis des Lernens: Jede Veränderung, egal welcher Art, ist bereits Lernen. Dieses Modell zeigt, das Lernen, Veränderung und Erfolg auf mehreren Ebenen entstehen. Die erste Ebene ist die Umgebung, die konkrete tastbare Welt, in der wir uns erleben. Taten führen zu konkreten Aktionen und Reaktionen, wie das Aufschließen einer Tür. Die Umgebung verändert sich nicht von alleine, quasi durch Zauberhand, sondern durch das eigene Verhalten oder das von

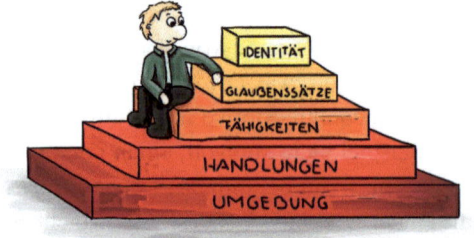

Abb. 3.1 Modell der logischen Ebenen (nach Dilts 1994)

anderen. Was man durch die fünf Sinne wahrnimmt, bestimmt unsere unmittelbare Vorstellung von der Welt. Man sieht den Schlüssel und die Tür und koordiniert den Körper so, dass man die Tür aufschließen kann. Dazu braucht es (eine Ebene höher) die Fähigkeiten des Körpers, eine Tür aufzuschließen. Auch Fußballspielen, Telefonieren oder Gesprächeführen sind Fähigkeiten.

Das führt uns zur nächsthöheren Ebene der Glaubenssätze und Werte. Auf dieser Ebene können Fähigkeiten blockiert werden. Nämlich dann, wenn man nicht daran glaubt, dass man Gespräche führen oder Fußball spielen kann. Wenn ich z. B. beim Fußballspiel als Kind ausgelacht worden bin, glaube ich, nicht Fußballspielen zu können. Dabei bin ich vielleicht nur gestolpert, weil ich die falschen Schuhe anhatte, und man hat deswegen gelacht. Jedenfalls lautet ab diesem Zeitpunkt mein Glaubenssatz: Ich kann nicht Fußball spielen. Glaubenssätze und Werte formen unsere Motivation, geben Antrieb und sind etwas anderes als nur die puren Abläufe von Fähigkeiten.

Wenn wir das alles zusammenführen, kommen wir auf eine weitere, nächsthöhere Ebene, die der Identität. Sie beschreibt das Wer. So gehört zur Identität eines Coaches ein bestimmtes Set an Werten, ohne die er seinen Beruf nicht ausüben könnte. Dies sind Werte wie Veränderung, Lernen, Persönlichkeitsentwicklung, Kommunikation, Menschenfreundlichkeit. Jeder dieser Werte beansprucht Fähigkeiten wie Kommunikationstechniken, Körpersprachelesen, Zuhören. Das sind Verhaltensweisen, die wiederum einen Einfluss auf die Umgebung haben, sprich: Der Coach steht in der Interaktion mit dem Coachee.

Wenn wir das Modell Robert Dilts zurate nehmen, setzen eine Veränderung und das Lernen immer auf einer höheren Ebene an als auf jener, auf der sich das Problem befindet. Nehmen wir zum Beispiel einen Chef, der keine kritischen Gespräche mit seinen Mitarbeitern führt (Fähigkeiten), weil er glaubt, dass dies nur unfreundliche Vorgesetzte (Glaubenssätze) tun. Mitarbeitende zu kritisieren passt nicht zu seinem Selbstbild (Identität) und er will, dass Selbstbild und Fremdbild (das andere von ihm haben) übereinstimmen.

Ein Konfliktmanagementseminar als Entwicklungsmaßnahme zu veranlassen, wäre in diesem Fall wenig hilfreich, weil es sein Selbstbild in keiner Weise beeinflussen würde. Die ideale Entwicklungsmaßnahme für ihn wäre ein Coaching, das sein Selbstbild und die davon beeinflussten Glaubenssätze verändert. Einstein soll gesagt haben, dass man Probleme niemals mit derselben Denkweise lösen kann, durch die sie entstanden sind. Vielmehr sollte man Persönlichkeit und Werte eines Menschen für die Veränderungsarbeit in einem Coaching einsetzen. Doch zunächst zu den Persönlichkeitsmerkmalen, die auf Veränderung erfahrungsgemäß sensibel reagieren.

Welche Motive reagieren mit einer größeren Angst vor Veränderung?
Die folgenden drei Lebensmotive nach RMP® scheinen in einer hohen Ausprägung besonders sensitiv auf Veränderungen zu reagieren. Eine hohe Ausprägung bedeutet hier, dass der Wunsch, diese mit dem Motiv verbundenen Emotionen zu erleben, besonders wichtig für eine Person ist.

Ordnung
Menschen mit einer starken Ausprägung Ordnung brauchen Strukturen, lieben Organisation und planen gerne. Ihnen ist Sauberkeit – eine Eigenschaft der Ordnung – oftmals ebenso wichtig wie Pünktlichkeit. Denn Pünktlichkeit lässt sich messen und in eine Agenda einplanen. Organisation und Struktur vermitteln Menschen mit dieser Ausprägung ein Gefühl von Behaglichkeit. Wenn Ordnung nicht erlebt oder gelebt werden kann, fühlen sie sich überrascht und unvorbereitet. Ordnung gibt ihnen auch ein Gefühl von Sicherheit und Vorhersehbarkeit. Die Emotionen, die in diesem Motiv erlebt werden wollen, sind Sicherheit und Stabilität. Solche Menschen versuchen immer Unvorhersehbarkeit möglichst zu reduzieren. Gelingt das nicht, wird es zum stressauslösenden Faktor.

So ging es Herrn Müller, der noch vor dem Abschluss seines Nachdiplomstudiums, in eine neue Managementposition wechseln konnte. Mit seinem Wissen und seinen Kompetenzen, die er sich über zwölf Jahre hinweg im Aufbau einer Vertriebsorganisation im Pharmabereich aneignete, war er ein Wunschkandidat für ein multinationales Unternehmen. Sein exzellenter Leistungsausweis prädestinierte ihn förmlich dazu, auch in der neuen Organisation sehr schnell Karriere zu machen. Man schätzte sein Organisationstalent und seine Fähigkeit, Pläne in harte Fakten umzusetzen. Mit seinen 36 Jahren gehörte Herr Müller in seiner Branche bereits zu den Topshots. Sein Persönlichkeitsprofil zeigte ein hohes Motiv nach Ordnung und ein mittelstark ausgeprägtes Motiv in Beziehungen.

In der Organisationseinheit der neuen Firma, in die Herr Müller wechselte, blieb nach einer kurz vorher durchgeführten Reorganisation, einem kompletten Führungswechsel und dem Austausch von 47 Prozent der Belegschaft fast kein Stein auf dem anderen. Dies war für Herrn Müller das kleinere Übel. Was ihm in den zwei Monaten Probezeit jedoch am meisten zu schaffen machte, war die Tatsache, dass keinerlei Organisationsvorgaben, keine Struktur oder planungsmäßiges Vorgehen vorhanden waren. Treffen und Besprechungen mit seinen Vorgesetzten und Peers wurden zeitlich nicht eingehalten. Vereinbarungen wurden oft schon wenig später wieder über Bord geworfen. Herr Müller fühlte sich wie ein Spielball der Gezeiten. Er war äußerst frustriert und wusste nicht, wie er mit der Situation umgehen sollte.

So wie Herr Müller erleben sich Menschen mit einem hohen Motiv Ordnung in einer Firma, wo Ordnung sehr tief und Flexibilität sehr hoch angesetzt ist. Man kann zwar sagen, dass Veränderung die einzige Konstante im Leben ist, das wird jedoch einem Menschen mit einem starken Motiv Ordnung nicht helfen. Wenn in einer Planung mit vier Schritten, der zweite Schritt plötzlich ausgelassen wird, sind Menschen wie Herr Müller verunsichert. Sie brauchen klare Strukturen und Vorgehensweisen, um sich behaglich zu fühlen – insbesondere in Phasen der Veränderung.

Anerkennung
Das zweite Lebensmotiv, das bei Veränderungen stresssensibel reagiert, ist Anerkennung. Jeder Mensch wünscht sich Anerkennung. Menschen mit einer hohen Ausprägung in diesem Lebensmotiv sind jedoch auf Lob ihres Umfelds als Treibstoff angewiesen. Sie wollen wissen, dass ihr Tun Anerkennung findet. In einem sich verändernden Umfeld fällt es

diesen Menschen schwer, das zu erkennen. Dabei ist es unerheblich, ob sie die Entscheidung für Veränderung selber treffen müssen oder ob sie ihnen von außen zugeführt wird. Sie reagieren schneller mit Stress als Menschen mit einer tiefen oder ausgeglichenen Ausprägung Anerkennung. Ohne Bestätigung und Lob sinkt ihr Selbstwertgefühl schnell und sie zweifeln stark an ihren Kompetenzen und Fähigkeiten. Die Vermittlung von Sicherheit und Unterstützung ist daher besonders wichtig für Menschen mit dieser Profilausprägung.

Ruhe
Menschen mit einer hohen Ausprägung Ruhe reagieren sehr sensibel, wenn nicht sogar sensitiv, auf Veränderungen in ihrem Umfeld. Sie wollen frei von Spannung sein, sich in Sicherheit wiegen und Gefahrlosigkeit erleben. Sie machen sich, verglichen mit Menschen mit einer tiefen Ausprägung Ruhe, viele Sorgen und Gedanken und sind tendenziell ängstlich. Bei Veränderungen, besonders bei nicht kommunizierten, reagieren Menschen mit diesem Profil mit Angst, Sorge und Unruhe. Menschen mit einem hohen Lebensmotiv Ruhe sind tendenziell schlecht geeignet für Berufe wie Aktienhändler, Fluglotse oder Chirurg. Vermutlich würden sie auch Berufe vermeiden, in denen sie potenziellen Gefahren ausgesetzt wären, wie bei der Polizei, beim Militär oder als Pilot. Alle diese Berufe und Berufsgruppen haben etwas gemeinsam: Sie erfordern eine hohe Stressresistenz und somit eine gut funktionierende Entspannungsachse. Damit kann eine Person in einer stressreichen Situation immer noch klare Gedanken fassen und adäquate Entscheidungen fällen. Stellen Sie sich vor, in der Notfallaufnahme eines Krankenhauses wird ein schwer verletztes Mädchen nach einem Autounfall eingeliefert. Es droht ein Herzstillstand. Man muss bei minimaler Datenlage die richtigen Entscheidungen treffen, um dem Mädchen das Leben zu retten. Für unkoordiniertes Verhalten und panische Entscheidungen bleibt da kein Raum. Hier sind Menschen gefragt, die eine hohe Stressresistenz und ein tiefes Lebensmotiv Ruhe haben.

3.3 Entscheidungen sind keine Ereignisse

Zurück zu Herrn Buchmeier mit seinen Fragen zum richtigen Umgang mit Veränderungen und seinem moralischen Konflikt: Sollte er die aktuelle Stelle behalten und in vier Jahren die Nachfolge im patriarchalisch geführten Familienunternehmen antreten – seiner Wunschfirma – oder die angebotene Stelle als Nummer eins in einem erfolgreichen internationalen Unternehmen annehmen und einer der Leader in seiner Traumfirma werden? Herr Buchmeier hatte in seinem Persönlichkeitsprofil eine starke Ausprägung im Lebensmotiv Ruhe. Demnach zeigte sein Verhalten eine hohe Sensitivität und den Wunsch nach emotionaler Sicherheit. Auch seine hohe Ausprägung Ordnung zeigte sich im Coaching mit seiner Fähigkeit, Systeme, Prozesse und Strukturen sofort zu erkennen und deutlich zu machen.

Zunächst aber möchte ich einen anderen Aspekt ansprechen, nämlich wie wir mit Sprache unsere Erfahrungen beschreiben. Mit der Sprache sind wir in der Lage, fortlaufende Prozesse zu einem quasi punktuellen Ereignis zu machen. Ein Entscheidungsprozess besteht aus der Vorbereitungsphase, dem Auswählen einer Option und dem Umsetzen. Somit ist der Entscheidungsprozess kein punktuelles Ereignis, sondern eine Aneinanderreihung von Tätigkeiten, die zu einem Ergebnis führen. Aus „sich entscheiden" z. B. wird „die Entscheidung". Oder aus „sich verändern" wird „die Veränderung". Aus Prozessen, die sich über eine längere Zeitspanne hinweg ziehen, wird so ein Ereignis, das zu einem Zeitpunkt geschieht und abgeschlossen wird. Dass wir über solche sprachlichen Fähigkeiten verfügen, kann unter Umständen sinnvoll sein, uns gleichermaßen aber auch einschränken.

Herr Buchmeier schränkte sich mit der kausalen Verknüpfung der einzelnen Schritte des Veränderungsprozesses selbst ein. Er konnte so nie verändern, da er die Hürden der Veränderung, die Entscheidung, nicht nehmen konnte.

Im Verlaufe des ersten Coachings brauchte er zunächst etwas Zeit, bis er sich auf ein Coachingziel festlegen und Vertrauen fassen konnte, um die Themen klar zu umreißen. Interessanterweise, zumindest aus meiner Sicht, lautete sein Ziel: Mit Veränderungen richtig umgehen. Das ließ mich hellhörig werden. Denn man kann mit Veränderungen nur dann richtig umgehen, wenn man mit Sicherheit weiß, was das Ergebnis der Veränderung sein wird. Und bei welchen Veränderungen ist dies schon der Fall? Da man nicht in die Zukunft sehen kann, bleiben Veränderungen immer mit einem Quäntchen Unsicherheit behaftet.

Zunächst musste klar werden, welche Prozesse in der Veränderung von Herrn Buchmeier verknüpft sind. Ich stellte ihm die Frage: „Was bedeuten *Veränderungen* für Sie im Rahmen des Coachingthemas?" Den adäquaten Umgang mit Veränderungen wollte ich zu einem späteren Zeitpunkt ansprechen. Es dauerte eine gute halbe Minute, bis er seine Gedanken sortiert hatte und es aus ihm heraussprudelte. Es schien, als hätte die Frage in dem vertrauensvollen Setting des Coachings ihm einen Raum eröffnet. Dabei war Herr Buchmeier in der Lage, alle assoziierten Eckpunkte und alle wichtigen Elemente zu der bevorstehenden Herausforderung auszusprechen. Er erzählte mir, was er beachten *müsse*, welche Gedanken ihm durch den Kopf gingen, wen er kontaktieren werde und bis wann genau er wissen *müsse*, was zu machen sei.

Während des gut 20-minütigen Monologs schien Herr Buchmeier auch durch ein Wechselbad der Gefühle von Hilflosigkeit, Freude, Traurigkeit und Motivation zu gehen. Es schien in jenem Moment ein wichtiger Prozess zu sein, in dem Herr Buchmeier allen seinen Gedanken und Emotionen in einem vertrauensvollen Setting freien Lauf lassen konnte. Dann nach einem längeren Augenblick der Ruhe, während dem Herr Buchmeier mit dem Blick nach unten und nach innen gekehrt vor mir saß, fragte ich ihn nochmals: „Was bedeuten Veränderungen für Sie im Rahmen des Coachingthemas?"

Was sich hier als einfache Frage liest, kann im Coaching eine dynamische Assoziationskette von Gedanken auslösen, eine Flut von inneren Bildern, Dialogen und Gefühlen, die im Gespräch oft zu einem emotionalen Austausch von Wissen führen. Manchmal muss man mehrmals die gleiche Frage stellen, bis der wahre Kern des Problems aufbricht mit Erkenntnissen, die Veränderung anstoßen können.

„Ich weiß es nicht", flüsterte Herr Buchmeier fast lautlos. Nach einem weiteren Augenblick sagte er, dass er sich Sorgen mache, was seine Frau und die befreundete Familie von ihm denken würden, wenn er die Kündigung ausspräche. „Dabei ist es gar nicht meine Entscheidung", fügte er hinzu. „Bevor wir bereits jetzt über die Ziellinie schreiten, lassen Sie uns doch erst mal das aktuelle Setting betrachten, einverstanden?", fragte ich Herrn Buchmeier, was er wohlwollend bestätigte.

Wie kann man jemandem helfen, der sich in einer bestimmten, festgefahrenen Situation befindet und dabei nach einem Ausweg sucht? Im Prinzip ist das einfach. Wir müssen uns in die Welt dieses Menschen begeben, um zu verstehen, wie sie funktioniert und innerhalb welcher Grenzen er sich bewegt. Erst wenn wir seine Welt verstehen, können wir diese Person auf der Suche nach persönlichen Lösungsmöglichkeiten unterstützend in Bewegung bringen. Es geht dabei nicht um Antworten oder Ratschläge, die wir geben könnten, denn bekanntlich können auch Ratschläge Schläge sein. Wie oft haben wir schon Menschen Ratschläge gegeben, die sie ausgeschlagen haben. Dabei wissen wir selten, warum sie nicht angenommen wurden, aber meistens sind es keine Lösungswege, die in die Realität dieser Person passen. Was für den einen eine Lösung darstellt, kann für andere nicht infrage kommen. Manche können aufgrund ihrer erzieherischen Prägung Konflikte im Gespräch lösen, andere wollen Konflikte lieber totschweigen.

Wir können im Coaching dem Klienten nur helfen, die Grenzen seiner Welt zu erweitern. Dies geschieht mithilfe spezifischer Fragen. Daraus resultieren oftmals, fast schon von alleine, neue Möglichkeiten im Denken, Entscheiden und Handeln. Nicht selten orientiert man sich dabei neu und besinnt sich seiner wahren Werte.

Stellen Sie sich vor, Sie müssten sich durch die Augen einer anderen Person betrachten, indem man Ihnen die Frage stellt: Was würde Ihr Vater Ihnen in dieser Situation raten? Wahrscheinlich wüssten Sie nicht, was er wortwörtlich sagen würde, hätten aber eine gute Ahnung seiner Sichtweise. Solche sogenannten systemischen Fragen eröffnen Perspektiven und helfen bekannte Sichtweisen differenzierter zu betrachten. Dabei werden die Beziehungen zwischen einer Person und erlebten Systemen verdeutlicht. Mit dieser Art von

Fragen können Handlungsweisen oder Zusammenhänge besser verstanden, hinterfragt und letztlich auch verändert werden.

Bei dieser Art von Fragen wird die Fantasie angeregt, wodurch Klienten selber auf neue Lösungsideen kommen (können). So kann man festgefahrene Pfade verlassen, eigene Muster und vielleicht neue Möglichkeiten erkennen. Durch gezielte Fragen kann man eine Situation erforschen, was Coach und Klienten tiefgehende Einblicke in eine verborgene Gedanken- und Gefühlswelt ermöglicht. Man sollte sich also in die Gefühls- und Gedankenwelt sowie in die Handlungsebene einer dritten Person versetzen und versuchen, deren Denk- und Handlungsweise nachzuvollziehen. Es geht aber *nicht* darum, mit suggestiven Fragen seine eigene Wahrheit (also die des Coaches) durchblicken zu lassen und dabei eine Lösung zu generieren, die nicht den Werten des Coachees entspricht. In solchen Prozessen muss der Coach sich noch mehr zurückzunehmen, bis sich eine Lösung des Klienten entwickelt hat.

Ich stellte Herrn Buchmeier im Verlauf des Coachings die folgenden zirkulären Fragen[2] (und ein paar mehr, die mir nicht mehr präsent sind) und lud ihn damit zu einem kognitiven Perspektivenwechsel ein.

- Was denken Sie, wie Ihr Chef reagieren würde, wenn Sie das externe Angebot annehmen würden? Antwort: Das wäre verheerend. Ich glaube, er wäre am Boden zerstört und immens enttäuscht von mir. Er will die Zukunft dieses Unternehmens in meine Hände legen, wenn er zurücktritt. Die Firma ist sein Vermächtnis, sein Erbe. Seine Kinder wollen in dieser Firma weder arbeiten noch sie weiterführen. Ich bin quasi sein Ziehsohn, zumindest was die Firma betrifft.
- Wie würden Ihre Kunden reagieren, wenn Sie einen Stellenwechsel kommunizieren? Antwort: Ich glaube, die meisten meiner Kunden würden es zur Kenntnis nehmen und wären nicht weiter betroffen. Die Kontakte mit den meisten Kunden sind eher lose. Ein paar wenige, langjährige Kunden würden mir sicher das Beste auf meinem Weg wünschen. Und vielleicht bliebe die eine oder andere Beziehung auch nach einem Stellenwechsel erhalten. Es wäre schon schade, wenn alle Kontakte abbrechen würden.
- Was würde Ihr bester Freund Ihnen in Ihrer Situation raten? Antwort: Mein bester Freund? Das ist eine sehr gute Frage. Er würde mir vermutlich raten, mir gut zu überlegen, ob ich das, was ich mir aufgebaut habe, für einen Traum riskieren will. Und die Möglichkeiten, die ich mit der Übernahme der Firma in wenigen Jahren hätte, seien wie ein Sechser im Lotto. Er würde wohl sagen, dass der Jugendtraum, den ich mir in der anderen Firma erfüllen könnte, sicher eine verlockende Perspektive sei, aber wäre er auch das Risiko wert?

---

[2] Eine zirkuläre Frage ist eine Technik, die in der systematischen Therapie verwendet wird. Es ist eine Technik, mit der man eine Person A infolge des Verhaltens von B entwickelt, nicht direkt von Person A zu erfragen, sondern von einer dritten Person C. Beispiel: „Sag mal Bruno, was glaubst du, was deine Mutter fühlt, wenn sie deinen Vater so weinen sieht?"

- Was würde Ihre Frau Ihnen in der Situation raten? Antwort: Sie würde wahrscheinlich sagen, dass sie mich bei jeder Entscheidung unterstützt, da sie will, dass ich glücklich bin. Ich solle mir einfach gut überlegen, wie viel Arbeit und Stress auf mich zukommen würden. Wenn ich dann immer noch genug Zeit für meine Familie haben würde, wie ich es mir wünsche, dann wäre es vielleicht eine gute Entscheidung.
- Angenommen, Sie würden die Situation ihrer achtjährigen Tochter erklären, was würde sie sagen? Antwort: Sie würde mich vermutlich fragen, warum ich denn wechseln möchte, wenn ich an dem Ort, wo ich jetzt arbeite, so glücklich sei. Denn ich gehe jeden Tag gerne arbeiten und freue mich auf die Menschen in der Firma und die tollen Kontakte. Vermutlich würde sie eine Veränderung aus diesen Gründen nicht begreifen können.
- Was würde Ihr Studienkollege Ihnen raten, wenn er alle Facetten Ihrer aktuellen Situation kennen würde? Antwort: Ich bin mir nicht sicher, was er sagen würde. So wie ich ihn kenne und mich an ihn erinnere, würde er mir vermutlich von der Veränderung abraten. Er weiß gar nicht, wie gut es mir in der Firma geht und welche Optionen ich habe. Das habe ich ihm nicht gesagt. Ich glaube, er würde es verstehen, wenn ich das Angebot ablehnen würde. Aber er müsste schon alle Zusammenhänge kennen.

Die Antworten von Herrn Buchmeier sind hier verdichtet und nicht im genauen Wortlaut wiedergegeben. Im Laufe des ersten Coachings und der Perspektivenwechsel reflektierte Herr Buchmeier eingehend und wurde sich der systemischen Tragweite und der Einflussräume bewusst. Fragen, die er sich nie gestellt hatte, lieferten ihm Sichtweisen, die ihm vorher nicht bewusst waren oder die er schlichtweg ausgeblendet hatte. Im Verlauf der nächsten Coachings vertieften wir die verschiedenen Aspekte und Perspektiven, immer mit dem Coachingziel im Blick. Herr Buchmeier verstand letztlich, dass seine Karriere bis dahin äußerst erfolgreich verlaufen war und dass die Nachfolgeregelung zu seinen Gunsten ausfallen würde – schon nur aufgrund seines Leistungsausweis der letzten 15 Jahre. Der Firmenwechsel wäre ein Karriereschritt mit einem nicht zu unterschätzenden Risiko geworden. Herr Buchmeier war letztlich nicht bereit diese Veränderung auf Kosten der Familie einzugehen. Diesen Preis wollte er nicht zahlen.

3.4 Fazit

Oft haben Menschen in herausfordernden Momenten, in denen sie sich aus der Bahn geworfen fühlen, tausend „Affen" im Kopf – eine innere Unruhe kennzeichnet sie, die durch unterschiedliche Gemütszustände oder Situationen ausgelöst wurde: im Unreinen mit sich selbst sein; Gedanken nicht aussprechen; Einwände verschweigen etc. Der Begriff kommt aus dem Zenbuddhismus, wo menschliches Denken mit wilden Affen verglichen wird, die unkontrollierbar umherspringen. Der lauteste dieser Affen schreit: Angst. Um das mit einem Beispiel zu verdeutlichen: Der Vorstandsvorsitzende eines Finanzunternehmens konnte drei Tage lang vor der Aktionärsversammlung kein Auge zu tun. Negative

Jahreszahlen ließen seine Gedanken wie wild gewordene Affen umherspringen: Wie weiter? Was nun? Was wird geschehen? Ist mein Job noch sicher? Werde ich einen Reputationsverlust hinnehmen müssen, einen Gesichtsverlust vor Freunden und Familie? Wird sich gar mein ganzes Leben verändern?

Die Angst vor der Reaktion der Aktionäre machte ihn hilf- und planlos. Manche Menschen geraten in die Gefahr, konzeptlose Wege zu beschreiten, gerade in Zeiten fundamentaler betrieblicher Veränderungsprozesse. Veränderungen sind aber eine Konstante im Leben. An jeden Tag, an dem Sie aufstehen, hat sich etwas in Ihnen und um Sie herum verändert. Nichts ist gleich geblieben. Obwohl sich alles stetig ändert, empfinden wir nicht selten Angst vor der Veränderung. Die Angst vor Veränderungen ist so betrachtet ein Paradox. Ohne Veränderung gäbe es keinerlei Entwicklung, die Menschheitsgeschichte würde auf der Stelle treten. Alles verändert sich ununterbrochen, selbst im eigenen Körper. Ihre Mundschleimhaut erneuert sich alle 10 bis 14 Tage, die Haut etwa alle 28 Tage und in gewissen Zyklen alle Zellen des Körpers. Aber jeder Prozess der Veränderung geschieht nach einem Bauplan mit einem höheren Ziel, nämlich dem Ziel der Erneuerung.

Da es bei genauerem Betrachten „die Veränderung" nicht gibt, sondern nur Veränderungsprozesse, ist es sinnvoll, Denkstrukturen zu analysieren. In einer Art Momentaufnahme kann ein gegebener Zustand innerhalb eines Veränderungsprozesses betrachtet werden. Es bleibt aber immer eine Momentaufnahme in einem Fluss stetiger Veränderung und kein in Stein gemeißeltes Resultat.

Herr Buchmeier konnte mehrere Erfolge im Coaching verbuchen. Ihm wurde bewusst, dass die Einladung zur Veränderung, die an seine Tür klopfte, ihn noch mehr an sein bestehendes Umfeld band. Er erkannte, wie wertvoll das Beziehungsnetzwerk und die vertrauensvoll familiäre Umgebung der Firma, in der er arbeitete, für ihn waren. Genau genommen hatte Herr Buchmeier den Kontakt zu seiner Identität verloren und dadurch zu allen darunterliegenden Ebenen wie Glaubenssätze oder Fähigkeiten.

Eigentlich hatte Herr Buchmeier alles erreicht, was er wollte, wie er in einem darauffolgenden Coaching feststellte. Er habe es nur aus den Augen verloren und damit die Wertschätzung all dessen, was dazugehörte: seine Familie, seine vertrauensvolle Umgebung, die sehr hohe Wertschätzung innerhalb der Firma, traumhafte Karriereaussichten. Herr Buchmeier lernte im Coaching durch eine Reorientierung, wie er künftig besser mit persönlichen und geschäftlichen Veränderungen umgehen könnte, falls sie wieder an seine Tür klopfen sollten. Er erkannte, dass es nicht die Veränderung war, die ihm Angst gemacht hatte, sondern seine Vorstellung von dem, was die Veränderung mit sich bringen würde. Das war aber nur Fiktion, ähnlich angstmachender Filmszenen, die so echt wirken, dass man sie (emotional) nicht mehr von der Realität unterscheiden kann.

Nimm die Welt von der leichten Seite, und der Geist wird frei von jeder Last sein. Miss den zehntausend Dingen keine Bedeutung bei, und dein Herz wird nicht verwirrt sein. Nimm gegenüber Wandel und Beständigkeit die gleiche Haltung ein, und nichts wird deine Klarheit trüben (Laotse, 6. Jahrhundert v. Chr.).

Literatur

Dilts, R. (1994). *Veränderung von Glaubenssystemen*. Paderborn: Junfermann.
Roth, G., & Strüber, N. (2014). *Wie das Gehirn die Seele macht*. Stuttgart: Klett-Cotta.

Angst vor Entscheidungen

4.1 Entscheidungen bestimmen das Leben

Noch nie konnten wir so viel entscheiden wie heute. Was aber zunächst nach Freiheit klingt, nach selbstbestimmtem Leben, in dem uns keine Entscheidungen aufgezwungen werden oder in dem über unsere Köpfe hinweg entschieden wird, kann bei näherem Betrachten auch eine Last sein. Je größer die Zahl der Möglichkeiten ist, für die wir uns entscheiden können, umso schwieriger wird der Entscheidungsprozess. Psychologen sprechen von einer *Tyrannei der Wahl*. Die *Qual der Wahl* ist sprichwörtlich geworden.

Das verwundert nicht weiter, denn mit unseren Entscheidungen bestimmen wir unser Schicksal und das anderer Menschen. Ob es nun die Wahl eines Lebens- oder Geschäftspartners, des nächsten Karriereschritts, die Wahl einer Ausbildung ist oder ob es Geschäftsentscheidungen sind – jede Entscheidung ist ein Zug auf dem Schachbrett des Lebens. Menschen treffen tagtäglich unzählige irreversible Entscheidungen. Und diese Entscheidungen bestimmen, welcher Mensch wir sein werden. Aber kaum jemand hat Strategien erlernt, um Schicksalsentscheidungen nicht dem Zufall zu überlassen.

Wenn Annahmen oder Erfahrungen für eine Entscheidung nicht ausreichen, stellen wir uns die möglichen Folgen einer Entscheidung einfach vor – eine mentale Simulation als Entscheidungswerkzeug. Wenn Sie zum Beispiel ein Auto kaufen wollen, ist es verständlich, dass Sie sich die verschiedenen Varianten vorstellen oder auch eine Probefahrt unternehmen, um zu entscheiden, welches Sie begünstigen. Je nachdem welches Ihre ureigenen Motive sind (weiter unten mehr dazu), bewerten Sie z. B. Funktion, Status, Unterhaltskosten höher als andere Faktoren. Sie werden dann das Fahrzeug wählen, dass für Sie aufgrund Ihrer Motive den höchsten Mehrwert bietet.

Wenn es aber um lebensverändernde Schicksalsentscheidungen mit fundamental neuen Erfahrungen geht (Kinder bekommen, Heiraten, Berufswechsel), reichen Erfahrungen nicht mehr aus. Künftige Eltern können sich nicht vorstellen, wie es wäre, ein eigenes Kind zu haben. Erfahrungen anderer Eltern anhören oder sie bei der Erziehung und im Umgang mit ihren Kindern beobachten, Selbsthilfebücher lesen, das alles reicht nicht aus, um zu verstehen, was Elternsein bedeutet. Jedes Kind ist mit all seinen Charaktereigenschaften einmalig und formt mit seinen Eltern eine ebenso einmalige Beziehung. Sie können also nicht den Wert einer Entscheidung für ihr künftiges Ich vorhersehen. Dasselbe gilt für viele Geschäftsentscheidungen. Es braucht oft eine differenziertere Herangehensweise, als nur von den Erfahrungen anderer zu lernen, um weitreichende Entscheidungen treffen zu können.

Alle wollen im Grunde genommen ihr Bestes geben. Sei es, um beruflich erfolgreich zu sein, im Sport Spitzenleistungen zu erbringen oder im privaten Leben gute Beziehungen zu pflegen. Und zweifellos haben auch Sie bis heute Ihre Entscheidungen im besten Wissen und Gewissen gefällt. Wir wollen an der Stelle keine Vergangenheitsbewältigung starten, denn keine der vergangenen Entscheidungen kann rückgängig gemacht werden. Das Leben hat keinen Rückwärtsgang, wir können nicht in die Vergangenheit reisen, um falsche Entscheidungen zu revidieren, wie das in Science-Fiction-Filmen dargestellt wird. Aber stellen Sie sich vor, Sie hätten vor fünf, zehn oder 15 Jahren beruflich oder privat eine andere Entscheidung gefällt. Wo würden Sie heute in Ihrem Leben stehen? Wo würden Sie heute leben? Würden Sie irgendwo anders leben? Wie würden Sie heute leben? Hätten Sie eine erfolgreiche Karriere? Hätten Sie diesen Beruf gewählt, den Sie heute ausüben? Wie glücklich wären Sie?

Auch wenn Sie keine dieser Fragen mit hundertprozentiger Sicherheit beantworten können, bleibt das flaue Gefühl, dass Sie hin und wieder doch bessere Entscheidungen hätten treffen können. Denn Sie wissen, dass das Ergebnis von der Qualität der Entscheidung bestimmt wird. Und wenn Sie, etwa im Treffen von Geschäftsentscheidungen, besser werden wollen, müssen Sie sich mit den Grundlagen von Entscheidungsprozessen vertraut machen. Weil das eine gute Voraussetzung für Bestleistungen ist.

4.2 Sind wir alle entscheidungsschwach?

Ich habe in vielen Hundert Coachings meine Klienten gefragt, wie sie gute Entscheidungen treffen. Unter den Befragten befanden sich Jungunternehmer, Wirtschaftskapitäne von Großunternehmen, Sportler und Studenten. Selten kam eine klare Antwort, meistens war man sich vor dem Fällen einer Entscheidung unsicher, ob es auch wirklich die richtige sei. Oftmals bekam ich zu hören, dass die besten Entscheidungen auf einem guten Bauchgefühl, also auf Intuition, beruhen. Intuition ist Erfahrungswissen, man kann es mit dem Aufstellen eines Zeltes vergleichen. Wer so etwas zum ersten Mal tut, orientiert sich höchstwahrscheinlich an einer Anleitung und baut das Zelt, Handgriff für Handgriff, danach auf. Das Zelt wird am Ende stehen, es wird vielleicht sogar gut aussehen, aber schon der erste Sturm könnte es hinwegfegen, weil es am falschen Standort stand. Man muss also mehr als nur die Anleitung beachten. Mit der Zeit lehrt einen die Erfahrung, einen guten Ort auszuwählen, wo das Zelt vor Regen, Sonne und Wind geschützt ist. Man lernt den Boden einzuschätzen, damit die Heringe halten, wenn die Seile gespannt sind. Letztlich wird man schneller und sicherer, weil man Übung hat. Entscheidungen fällen ist im Grunde genommen ähnlich wie das Erlernen eines Handwerks: Man wird mit der Zeit besser und wenn man es einmal optimal beherrscht, wird man es intuitiv richtig ausführen.

Es überrascht nicht, dass in Coachings gerade die Entscheidungsfindung eines der Topthemen ist. Warum also ist das Treffen von Entscheidungen so schwierig oder gar unüberwindbar schwierig? Warum fallen uns Entscheidungen bereits bei einer kleinen Auswahl von Optionen schwer? Sind wir alle entscheidungsschwach?

Viele Menschen monieren, dass bei anstehenden Entscheidungen widersprüchliche Gefühle die Entscheidungsfindung erschweren. Die Befragung über Herausforderungen unter meinen Coachingklienten der letzten zehn Jahre hat ergeben, dass Karriereentscheidungen auf Platz zwei stehen. Darunter sammeln sich Themen wie die Wahl des Studiums oder der Ausbildung oder die nächsten Karriereschritte. Das ist verständlich. Denn hinter beruflichen Entscheidungen verbirgt sich eine Kette von Abhängigkeiten: Erwartungen, familiäre Verpflichtungen, finanzielle Abhängigkeiten und Zukunftsaussichten. Empfehlungen aus Selbsthilfebüchern, wie etwa sich bei wichtigen Entscheidungen auf sein Bauchgefühl zu verlassen, helfen selten weiter. Denn Bauchgefühl, auch Intuition genannt, ist Erfahrungswissen. Je mehr Erfahrungen wir gemacht haben, desto besser können wir uns auf unser Bauchgefühl verlassen. Wer aber kaum Erfahrung in einem bestimmten Entscheidungsbereich gemacht hat, sollte sich nicht ausschließlich auf sein Bauchgefühl verlassen, denn es könnte ihm so ergehen wie Herrn Frey, einem Coachingklienten, Ende 30, verheiratet, zwei Kinder im Alter von vier und sechs Jahren. Er stand vor einer beruflichen Schicksalsfrage, die er partout nicht beantworten konnte. Seine Karriere stagnierte auf hohem Niveau in einer Führungsposition auf Direktionsebene. In seinem Berufszweig gab es viele Konkurrenten und trotzdem hatte er es mit seiner Expertise für schwierige Managementaufgaben geschafft, von zwei Firmen überzeugend gute Angebote zu erhalten. Er konnte sich aber nicht entscheiden, welches Jobangebot er annehmen sollte: Jenes mit der höheren Totalkompensation und der kleineren Führungsspanne, das 20 Kilometer von seinem Wohnort entfernt war, oder das Angebot mit der anspruchsvolleren Führungsaufgabe für einen Turnaround, ein mittelständisches Unternehmen, bei dem er seine Familie weniger sehen würde. Oder sollte er beide ausschlagen und in der gewohnten Umgebung bleiben? (Wie hätten Sie, liebe Leserin, lieber Leser, sich entschieden?)

Woher kam die Angst, keine gute Entscheidung treffen zu können? Den sicheren Hafen zu verlassen und etwas Neues zu beginnen, kann verständlicherweise mit einer gewissen Angst verbunden sein. Schließlich sah Herr Frey sich für seine Familie verantwortlich und konnte nicht gleichermaßen Risiken eingehen, wie jemand der keine familiären Verpflichtungen hat.

Man könnte auch argumentieren, in einem Klima retardierenden Wirtschaftswachstums, das zu einer tiefen Fehlertoleranz verleitet, sei das Fällen von Entscheidungen schwieriger. Nach dem Motto: Wer nicht entscheidet, macht keine Fehler. Aber auch wer nicht entscheidet, trifft eine Entscheidung. Das Argument wäre demnach zu einfach. Selbstverständlich hat ein schwieriges Wirtschaftsklima Einfluss auf das Risikoverhalten. Aber das ist kein Hauptargument. Denn auch wenn es um Erstausbildung, Kinder oder neue Haustiere geht, fällt das Treffen einer Entscheidung häufig und unabhängig vom Wirtschaftsklima schwer.

Andererseits könnte man argumentieren, dass Menschen von Natur aus Neophobiker sind, dass also immer eine gewisse Angst vor Neuem bei Entscheidungen mitschwingt. Wo die Grenzen diesbezüglich liegen, ist hingegen bei jedem Menschen anders. Für die einen ist bereits die Wahl einer neuen Speise im Restaurant außerhalb des Machbaren. Für andere geht der Wohnortwechsel ins Ausland, ohne mit der Wimper zu zucken, vonstatten.

Es gibt aber auch Menschen, bei denen hat sich Entscheidungsscheue bereits zu einer selbstvernichtenden Strategie entwickelt, aus der Angst heraus, dass Fehler im sozialen Umfeld nicht verziehen werden. Manchmal wird auch argumentiert, dass man „immer schon" falsche Entscheidungen getroffen habe und man deshalb nicht entscheidungsfähig sei. Das aber hat persönlich und wirtschaftlich relevante Folgen, weil das Leben auch ohne getroffene Entscheidung weitergeht – denn auch keine Entscheidung zu treffen, ist eine Entscheidung.

Der Denkfehler – auch bei Herrn Frey – ist in einem anderen Bereich zu suchen. Bereits getroffene Entscheidungen sehen wir aus einer analytisch positiv beurteilenden Perspektive. Wie etwa, dass eine bestimmte Berufswahl rückblickend die einzig logische und richtige gewesen sein soll. Das liegt auch an der menschlichen Suche nach Bestätigung. Wir wollen hören, dass eine getroffene Entscheidung gut war. Eine solche Einstellung wird in der Kognitionspsychologie Bestätigungsfehler (Klayman und Ha 1987) genannt. Wir rücken dabei unsere vormals getroffenen Entscheidungen in ein Licht, das sie besser aussehen lässt. Zur Zeit der Entscheidung sind wir jedoch alles andere als ein logisch beurteilendes Wesen. Logik ist nie die Grundlage von Entscheidungen, unsere Emotionen sind es. „Das Herz hat seine Gründe, die die Vernunft nicht kennt", schrieb der französische Mathematiker und Philosoph Blaise Pascal (1623–1662). Vielleicht haben auch Sie schon Ihrem Chef ein zorniges „ich kündige" entgegengeschleudert, obwohl Sie das vernunftmäßig nie getan hätten. Oder sind Sie vielleicht wieder einmal zu Starbucks gegangen, um einen Kaffee zu trinken, den sie im kleinen Café nebenan viel günstiger und möglicherweise auch qualitativ besser bekommen hätten? Wenn Ja, haben Sie es getan, weil Starbucks seine Produkte über Gefühle verkauft. Mit Logik hat das wenig zu tun. Wenn Sie zurückdenken, wird weder die Wahl Ihres aktuellen Jobs noch die Ihres Lebenspartners respektive Ihrer Lebenspartnerin oder jene des Wohnorts eine rein logische Entscheidung gewesen sein. Niemand geht mit einer Checkliste zum ersten Date. Und es war bei näherem Betrachten auch kaum eine durchwegs positive Wahl. Selbst bei der Wahl eines Jobs sind Emotionen ein Schlüsselelement. Denn wenn ihr künftiger Vorgesetzter zutiefst unsympathisch ist, wird die finanzielle Kompensation nur die kurze Zeit bis zur Kündigung überbrücken.

4.3 Entscheidungsgrundlagen verstehen

Im Buch *Descartes Irrtum: Fühlen, Denken und das menschliche Gehirn* beschreibt der Neurowissenschaftler Antonio Damasio eine wegweisende Entdeckung. Er untersuchte Menschen mit Schädigungen in Gehirnregionen, in denen Emotionen entstehen. Alle hatten eine seltsame Gemeinsamkeit: Sie konnten keine Entscheidungen treffen (Bechara et al. 1994). Sie konnten zwar auf einer logischen Ebene beschreiben, welche Schritte sie durchführen und was sie für eine Entscheidung tun sollten, aber es war ihnen unmöglich die einfachste Entscheidung zu treffen. Mit anderen Worten, während wir zwar mit logischen Begründungen und Erklärungen unsere Entscheidungen beschreiben und begründen können, werden sie in Wahrheit von unseren Emotionen gesteuert.

Die Antwort auf das Warum findet man, nach aktuellen wissenschaftlichen Erkenntnissen, in der Millionen Jahre andauernden Evolutionsgeschichte unseres Gehirns und der wissenschaftlich bewiesenen Tatsache, dass es sich in den vergangenen hundert- bis zweihunderttausend Jahren nicht fortentwickelt hat. Unser Gehirn hat sich mit der primären Aufgabe entwickelt, uns am Leben zu erhalten – es ist ein Problemlösungsorgan. Die Reaktionen unseres Gehirns sind instinktiv und blitzschnell, noch viel schneller, als wir denken können. Es ist ein an seine Umwelt höchst anpassungsfähiges Organ. Das belegt unsere Fähigkeit, uns den widrigsten Lebensumständen anpassen zu können, um zu überleben, und erklärt die schnelle Verbreitung des Menschen über alle Kontinente und Klimazonen der Erde, die innerhalb von einigen Zehntausend Jahren stattgefunden hat, eine evolutionstechnisch betrachtet sehr kurze Zeit. Ohne die Anpassungsfähigkeit unseres Gehirns an die jeweils anderen klimatischen Umstände und die dementsprechend anderen Lebensbedingungen wäre das nicht möglich gewesen.

Die neurologischen Grundlagen unserer Entscheidungsstrategien wurden in einer Zeit geprägt, als unser (Über-)Leben fast ausschließlich von drei Fragen abhing, die instinktiv und unmittelbar eingeschätzt wurden:

1. Will es mich fressen? (Gefahr)
2. Kann ich es fressen? (Opportunität)
3. Kann ich mich damit paaren? (Fortpflanzung)

Erinnern Sie sich an Herrn Frey? Der Mann, der sich zwischen zwei Jobangeboten oder dem Verbleib bei seinem damals aktuellen Job nicht entscheiden konnte? Herr Frey stand, neurologisch betrachtet, vor den gleichen Fragen, wie seine Vorfahren vor Hunderttausenden Jahren: Opportunitäten der Jobangebote einerseits, andererseits die potenzielle Gefahr, dass die Wahl eines neuen Jobs seine Familie in eine Krise (Gefahr) führt, sollte man sich nach der Probezeit wieder trennen.

Der erste Schritt einer emotionalen Deeskalation: Sich der archaischen Emotionen bewusst werden, bevor die Entscheidung getroffen wird. In diesem Moment der Bewusstwerdung verändern wir mit sogenannten Top-down-Aktivitäten die Reaktionen in unserem Gehirn. Das funktioniert nicht nur in Stresssituationen, sondern auch in vermeintlichen Ich-muss-das-haben-Situationen, wenn ein Verkäufer mit Tricks einen Verkauf abzuschließen versucht.

Fragen Sie sich in dem Moment, in dem der Verkäufer mit zuckersüßen Angeboten lockt, ob Sie den neuen Fernseher brauchen oder nur wollen. Wenn Ihr „Wollen" schon fast zu einem „Habenmüssen" geworden ist, dann hat der Verkäufer Sie in den Bereichen der Fragen 1 und 2 geschickt manipuliert.

Manchmal ist es besser, ein bis zwei Nächte über eine Entscheidung zu schlafen. Wir kennen die Aussage, dass man mit schlechten Gefühlen schlechte Entscheidungen fällt. Das gilt auch für gute Gefühle. Nicht immer ist das gute Gefühl das richtige und schon hat man eine falsche Entscheidung getroffen, die man aber erst im Rückblick als solche erkennt. Emotionen leiten zwar unsere Entscheidungen, sie stehen uns aber im Weg, wenn wir zu impulsiv handeln. Denn in Momenten höchster Emotionalität – bei tiefer Traurigkeit, höchster Wut, großer Angst oder im Zustand des Verliebtseins über beide Ohren – sind gewisse Hirnbereiche teilweise oder gar ganz außer Kraft gesetzt. Das sind die Momente, die wir im Rückblick als unüberlegt, gedankenlos oder gar hirnverbrannt bezeichnen. Man sollte also warten, bis sich die Emotionen gelegt haben, um eine Entscheidung mit mehr Verstand zu treffen, als das emotionsgeladen möglich ist.

4.4 Wer seine Motive kennt, entscheidet besser

Eine weitere essenzielle Quelle für bessere Entscheidungen ist ein Bewusstsein für die ureigenen inneren Antreiber, also das Verständnis für das, was uns antreibt. Man könnte diese Antreiber mit unterschwelligen Hintergrundprogrammen vergleichen, die unser Denken, Handeln und unsere Kommunikation stetig steuern und nach Befriedigung streben. Arthur Schopenhauers Aussage: „Der Mensch kann zwar tun, was er will, aber er kann nicht wollen, was er will", beschreibt treffend, was es mit den inneren Antreibern auf sich hat.

Der Psychologe Steven Reiss befasste sich Ende des letzten Jahrtausends mit der Frage, was Menschen wirklich antreibt. Vertreter der Forschungsrichtung des Lustprinzips behaupten, dass unser Verhalten primär von der Maximierung positiver und der Minimierung negativer Gefühle gesteuert wird. Steven Reiss untersuchte hingegen mit seiner wissenschaftlichen Forschung die Sinnstiftung: Was verleiht unserem Leben Sinn? Die Theorie der 16 Lebensmotive (siehe unten) ist eine der wenigen Persönlichkeitstheorien, die testtheoretisch vollständig empirisch überprüft wurden. Mit dem Reiss Profile erkennt man, welche Lebensmotive in Entscheidungssituationen Antreiber sind.

> **Übersicht**
>
> RMP® ist die erste empirisch hergeleitete motivorientierte Persönlichkeitsanalyse, die konkrete Anhaltspunkte zu Leistungsfähigkeit und Zufriedenheit liefert und wie beide langfristig gefördert und erhalten werden können.
>
> Klassische Coachings setzen, oft zu kurzsichtig, auf der Ebene der Kompetenzen und des Verhaltens an. Kurzfristig können Maßnahmen auf diesen beiden Ebenen durchaus gewünschte Ergebnisse erzielen. Für eine stabile Verhaltensänderung wird jedoch vorausgesetzt, dass die individuellen Motive und Einstellungen eines Menschen berücksichtigt werden. Ein motivorientiertes Coaching setzt deshalb am Beständigen an: den individuellen Werten, die auf alle Ebenen der Persönlichkeit wirken.
>
> Das RMP®-Profil misst die folgenden wissenschaftlich bestätigten 16 Lebensmotive: Macht, Unabhängigkeit, Neugier, Anerkennung, Ordnung, Sparen, Ehre, Idealismus, Beziehungen, Familie, Status, Kampf, Eros, Essen, körperliche Aktivität, emotionale Ruhe. Die Motive sind wertfrei und haben evolutionäre Bedeutung und Nutzen. Sie beschreiben, was einen Menschen motiviert, wonach er strebt und wie diese Merkmale sich von anderen im Denken, Handeln und Fühlen unterscheiden.

Wie wichtig ist es, auf die ureigenen Motive zu achten? Welche inneren Konflikte eine Nichtbeachtung auslösen kann, erlebte ich während meiner Managementkarriere in einer Bank in der Schweiz. Zu jener Zeit wusste ich noch nichts von diesem Konzept der Motive und Werte, die einen entscheidenden Einfluss auf Denken, Handeln und Fühlen haben – das, was letztlich unsere Entscheidungen unmissverständlich prägt.

Als die Geschäftsleitung mich anwies, einen Bereich der Bank zu schließen, stand ich vor einer für mich sehr schwierigen Entscheidung: Austrittsgespräche führen und eine mir angebotene neue Position in der Bank antreten oder meinem Impuls folgen und für alle Mitarbeitende eine neue Stelle finden, was vermutlich dazu geführt hätte, dass ich mich selber auf Jobsuche hätte begeben müssen. Die Situation bescherte mir unzählige schlaflose Nächte und viele kontroverse Gespräche. Ich steckte in einem Dilemma. Viele aus meinem damaligen Umfeld empfahlen mir die erste, für mich sichere Variante, da nicht ich die Schließung des Bereiches zu verantworten hatte. Entgegen aller Empfehlungen entschied ich mich für die zweite Variante.

Damit folgte ich intuitiv meinen Lebensmotiven und meinen wichtigsten Werten, riskierte aber meine Anstellung und eine Karriere in der Bank. Was meine Entscheidung rückblickend auch aufzeigt ist, dass man immer Entscheidungsalternativen hat. Oftmals stecken wir in Situationen, in denen es vermeintlich keine Alternativen gibt. Wir befinden uns in einem Patt, in dem kein weiterer Zug möglich scheint. Das stimmt aber nicht. Die Situation mag zwar weitere Möglichkeiten verschleiern, trotzdem sind wählbare Varianten vorhanden, die wir in Stresssituationen (Tunnelblick) nicht in Betracht ziehen können. So als würde man in einem geschlossenen Kleiderschrank stehen und nicht erkennen, dass es da draußen eine Welt mit unzähligen Möglichkeiten gibt. Was wir dann brauchen, ist jemand, der die Schranktüren öffnet und uns dabei hilft, den geistigen Kompass neu auszurichten.

In einem späteren Businesscoaching fand ich heraus, dass ich eine hohe Stressresistenz, Zweckorientierung und Teamorientierung besitze (siehe Infobox unten). Und dass diese drei Elemente, gepaart mit meinen wichtigsten Werten, die Hauptantreiber für meine Entscheidung waren, mich für die Mitarbeiter einzusetzen, statt der Weisung von oben zu folgen.

> **Übersicht**
> Menschen mit einem großen Bedürfnis nach Flexibilität stürzen sich gerne in neue Projekte ohne detaillierten Aktionsplan. Sie haben ein großes Anpassungsvermögen und neigen dazu, das große Ganze zu betrachten.
>
> Menschen mit einer hohen Zweckorientierung sehen Loyalität nicht als Selbstzweck. Sie sind ihrem Arbeitgeber bis zu dem Maß loyal, wie dieser ihnen gegenüber loyal ist. Diese Flexibilität sehen sie als notwendige Eigenschaft, um im Management erfolgreich zu sein. Die Stressrobustheit führt zu einer Risikofreude, bei der sich weniger Sorgen und Ängste zeigen. Stressrobuste Menschen behalten auch unter Druck einen kühlen Kopf und bleiben gelassen, wenn Dinge schief gehen.
>
> Treffen Menschen aufeinander, die große unterschiedliche Ausprägungen haben, können leicht Konflikte entstehen, weil eine Person die positiven inneren Belohnungen der anderen nicht nachvollziehen kann. Sie verstehen zwar, dass es diese andere Ausprägung gibt, sind aber nicht in der Lage, sie emotional nachzuvollziehen. Die eine Person denkt, dass mit der anderen etwas nicht stimmen kann.

Mit einer gegenläufigen Grundausstattung an Lebensmotiven hätte ich jene Entscheidung in der Bank vermutlich weder treffen noch durchführen können. Für praktisch alle Mitarbeitenden konnte eine neue Stelle gefunden werden. Überraschenderweise wurde mir aufgrund des Ergebnisses eine neue Position angeboten. Wäre mir diese Option bereits eingangs angeboten worden, hätte sich diese Phase weniger mühsam gestaltet. Führungskompetenz beruht auch auf der Fähigkeit, Menschen zu motivieren – dann kommen sie in einen Flow und erreichen Höchstleistung. Lebensmotive sind so etwas wie Treibstoff, es sind unabänderliche, intrinsische Bedürfnisse, die jeden Menschen bewegen und die befriedigt werden wollen. Viele Menschen, die vor Entscheidungen stehen, sind sich ihres Treibstoffs nicht bewusst. Dadurch entsteht ein Entscheidungsvakuum, das oftmals mit den Ratschlägen anderer Menschen gefüllt wird. Aber die Antreiber anderer, sind meist der falsche Treibstoff für den eigenen Motor. Das wäre so, als würden Sie Ihrer schicken Turbodiesellimousine Benzin in den Tank füllen.

Lebensmotive durchziehen das berufliche Umfeld, die familiäre Gemeinschaft und sportliche Ambitionen wie ein unsichtbares Spinnennetz. In jedem Bereich bewegen uns dann von Motiven gesteuerte Emotionen zu Entscheidungen.

4.5 Funktionsweise des Gehirns erkennen

Jeden Tag treffen wir auch Tausende kleinerer Entscheidungen. Sei es der Kauf eines Weines oder, ob wir auf der linken oder rechten Straßenseite ins Büro gehen. Die meisten Entscheidungen treffen wir, ohne bewusst darüber nachzudenken, welche Kriterien uns zu einer Entscheidung geführt haben. Wenn wir besser verstehen, wie wir in den kleinen Dingen Entscheidungen treffen, lernen wir, auch in Schicksalsentscheidungen eine sinnvollere Wahl zu treffen.

Der chinesische Philosoph Konfuzius, der ca. 500 v. Chr. lebte, macht uns das mit dem folgenden Spruch deutlich: „Ist man in kleinen Dingen nicht geduldig, bringt man große Dinge zum Scheitern." Um bessere Entscheidungen treffen zu können, gilt es also, auf die kleinen Dinge ebenso zu achten, wie auf die großen.

Wie wir bereits vorhergehend gelernt haben, hat sich unser Gehirn in den letzten hunderttausend Jahren nicht signifikant weiterentwickelt, unser Lebensumfeld aber durchaus. Die Komplexität unserer Lebenswelt hat sich vervielfacht. Die Fülle an Informationen, die wir tagtäglich bewusst oder unbewusst verarbeiten, ist weitaus umfangreicher als jene vor 150.000 Jahren. Unsere neurologischen Entscheidungsstrukturen haben sich in einer Zeit entwickelt, als Menschen tendenziell in kleineren Gruppen (Haller 2010) lebten und selten andere von außerhalb dieser Gruppe trafen. Es waren Menschen, die anders aussahen als wir. Sie lebten in einer Zeit, als Paaren und Essen die zentralen Bedürfnisse waren, als mehr Nahrung zu haben besser war als weniger. Die Nahrungsbeschaffung war wohl die wichtigste Beschäftigung der Menschen bis vor circa 10.000 Jahren vor unserer Zeitrechnung, die als Anfang des systematischen Ackerbaus datiert werden.

Um diesen archaischen Strukturen bei Entscheidungen zu entkommen, helfen Modelle, die einerseits diese Prozesse nutzen und andererseits den unbewussten Abläufen Rahmenbedingungen bereitstellen, die zu besseren Entscheidungen führen. Theoretische Lernmethoden sind eine gute Voraussetzung, um in der Praxis zu reüssieren und um gute Entscheidungen nicht dem Zufall zu überlassen.

Man kann also durchaus etwas für bessere Entscheidungen tun. Die in Abschn. 4.6 erläuterten vier Schritte hin zu besseren Entscheidungen können in einem Coaching als optimale Leitplanken dienen.

4.6 Vier Schritte hin zu besseren Entscheidungen

Durch systematisches Vorgehen auf der Basis von wissenschaftlichen Erkenntnissen kann man zu einer besseren Entscheidungsfindung gelangen. Vier Schritte bieten sich dafür an:

1. Wer sich mental gut vorbereitet, trifft bessere Entscheidungen. Spitzensportler bereiten sich auf Wettkämpfe vor, weil sie Höchstleistung erreichen wollen. Die Sportler mit der besten körperlichen und mentalen Vorbereitung erzielen in der Regel die beste Leistung. Zur Vorbereitung von Entscheidungen gehören rationale, wie auch emotionale Elemente. Banal formuliert ist es wie mit einer Reiseplanung: Die Vorbereitung beeinflusst das Ergebnis. Stellen Sie sich im ersten Schritt rationale Fragen, wie etwa was die Gesetze, Regeln und Normen sind, die beachtet werden müssen und was der Hintergrund für den betroffenen Entscheidungsbereich ist. Mit anderen Worten: Beschreiben Sie das gesamte Umfeld im Rahmen der Entscheidung. Bei einer Reiseplanung denkt man an Wetter und Temperatur der Destination, bevor man entscheidet, welche Kleider einzupacken sind. Reist man in den arabischen Raum, sind Fragen nach der Geschlechterrolle und der entsprechenden (Frauen-)Kleidung von Belang. Bei Reisen nach Japan, wo die Angst vor Gesichtsverlust groß ist, muss anders verhandelt werden.

4.6 Vier Schritte hin zu besseren Entscheidungen

Den emotionalen Teil beantworten Ihnen Ihre Lebensmotive und Ihre wichtigsten Werte. Beide haben im gesamten Entscheidungsprozess einen wesentlichen Einfluss. Seien Sie sich Ihrer Lebensmotive und Ihrer Werte bewusst, bevor Sie zur Entscheidungsfindung kommen. Wägen Sie rational Pro und Kontra ab, aber lassen Sie vorab auch Ihr Bauchgefühl, also Ihre Intuition, zum Zuge kommen, denn das ist die Gesamtheit Ihres Erfahrungswissens aus vielen Millionen vorhergehenden Erlebnissen und Entscheidungen. Wägen Sie in diesem Schritt auch ab, was Ihr Umfeld tun könnte, was betroffene Personen tun könnten.

2. Erst jetzt im zweiten Schritt treffen Sie eine Entscheidung aufgrund Ihrer mentalen Vorbereitung, Ihrer Lebensmotive und Werte, Ihrer Pro- und Kontrabewertung und der Beurteilung Ihres Umfeldes. Falls Sie beim Treffen der Entscheidung Schwierigkeiten haben, müssen Sie sich Ihrer Werte klar werden. Unklare Werten verhindern eine konsistente Entscheidung. Kennen Sie Menschen, die sehr schnell Entscheidungen treffen können? Diese Personen sind sich meist ihrer Werten sicher und können dementsprechend handeln. Aber Vorsicht: Die Entscheidungsgeschwindigkeit allein sagt nichts über die Qualität der Entscheidungen aus.
3. Ist die Entscheidung getroffen, geht es zur Umsetzung. Sie sind nun auf der Handlungsebene, die Sie in Schritt 1 und 2 gedanklich vorbereitet haben, und setzen Ihre Entscheidung in die Tat um. Dieser Schritt ist der einfachste von allen – falls die vorhergehenden Schritte konsequent durchgeführt worden sind. Bei Umsetzungsschwierigkeiten brauchen Sie eventuell Hilfe von außen. Wenn zum Beispiel eine Entscheidung von Ihnen verlangt, sich über Vereinbarungen hinwegzusetzen, für Sie aber einer der wichtigsten Werte Loyalität ist, dann haben Sie einen Wertekonflikt und es würde Ihnen schwerfallen, die Entscheidung umzusetzen oder dahinterzustehen. Deshalb ist es wichtig, sich bereits bei der Entscheidungsfindung der eigenen Werte bewusst zu sein, damit es keine Probleme bei der Umsetzung gibt.

4. Für jede konsequente Entscheidung gilt das Gleiche wie bei der Durchführung eines Projektes, egal ob groß oder klein: Am Ende folgt der Rückblick durch den man vom gesamten Entscheidungsprozess lernen kann: von der Vorbereitung über das Treffen der Entscheidung bis zur Umsetzung. Es ist ein Lernen für künftige Entscheidungen, ein Lernen mit strukturierten Vorgehensweisen, damit Sie künftig bessere Entscheidungen treffen können. Dieser Schritt ist genauso wichtig wie die ersten drei, wird aber leider oft vernachlässigt.

4.7 Fazit

Mit Entscheidungen bestimmen wir unser Schicksal, sowohl beruflich als auch privat. Sie zeigen, wer wir wirklich sind, noch mehr, als dass unsere Fähigkeiten das können.

Entscheidungen sind immer irreversibel und sollten deshalb mit Bedacht gefällt werden. Unsicherheit kann es bei jeder Entscheidung geben, doch auch für Entscheidungen gibt es Wegweiser. Wir können aus falschen Entscheidungen lernen, sie können manchmal aber auch nachträglich nachgebessert werden. Daher ist Vergangenheitsbewältigung wichtig für die Zukunft. Sie gibt uns Hinweise auf gemachte Fehler oder Bestätigung für richtiges Handeln. Gute Entscheidungen zu treffen, kann gelernt werden. Das Resultat dieses Lernprozesses wird eine Annäherung an das bestmöglich zu erzielende Ergebnis sein.

Auf dem (Lern-)Weg hin zu besseren Entscheidungen sollte man sich nicht alleine auf sein Bauchgefühl verlassen. Es sind zwar Emotionen, die uns Entscheidungen treffen lassen, man kann sie aber, idealerweise, durch logisches Denken steuern. Besonders Schicksalsentscheidungen, die Karriere oder Familie betreffen, sollten gut abgewogen werden.

Der Angst vor falschen Entscheidungen kann man mit systematischem Vorgehen entgegenwirken. Dazu gehört das Wissen um die Funktionalität des Gehirns, aber auch das Bewusstsein, dass nicht alle Entscheidungen in Stein gemeißelt sind.

Der Angst, etwas zu verpassen, kann man mit Logik entgegentreten. Noch nie zuvor in der Menschheitsgeschichte war die Vielfalt der Angebote, der Optionen und Möglichkeiten, der Chancen und Alternativen so groß wie heute – sie ist vermutlich größer als je zuvor. Aber je größer das Angebot ist, umso schwieriger werden die Entscheidungen und umso größer die Angst vor Fehlentscheidungen. Die Angst vor Fehlentscheidungen wäre aber wahrscheinlich nicht so weitverbreitet, würde sie nicht vom grassierenden Optimierungswahn, getriggert durch soziale Medien, verstärkt. Auch das sollte einem bewusst sein.

Herr Frey, in seinem Dilemma mit den zwei Jobangeboten, erkannte im Coaching bei der Analyse seiner Motive und Werte, dass er in anspruchsvolleren Führungsaufgaben weitaus die besseren Leistungen erbracht hat und wohl auch in Zukunft erbringen wird. Die strukturierte Entscheidungsfindung mit der entsprechenden Vorbereitung und mit durchgängiger Analyse führte zum richtigen Ergebnis: eine Entscheidung mit einem guten Gefühl.

„Logisch betrachtet", so argumentierte abschließend Herr Frey, „wäre die Position mit 30 Prozent mehr Lohn die rentablere gewesen. Aber bei der Entscheidung für die andere

Position fühle ich mich viel besser und weiß, dass ich am richtigen Platz bin." Vier Jahre nach dieser Entscheidung, konnte Herr Frey auf eine steile Karriere zurückblicken. Ein internationales Unternehmen wurde auf seine Turnaroundfähigkeiten aufmerksam und warb ihn ab.

Es sind immer Emotionen, an denen wir unsere Entscheidungen messen, das ist ein Resümee, bei dem sich alle Coachingklienten einig sind. Wer sich also nach einer gefällten Entscheidung gut fühlt, hat meistens auch richtig entschieden. Und wer sich seinen Werten und inneren Antreibern bewusst ist, wirkt authentischer, lebt letztlich glücklicher und kann spielerisch sein Bestes geben.

Die besten Entscheidungen treffen Sie also, wenn Ihnen Ihre Lebensmotive und Werte bewusst sind und wenn Sie herausfinden, welches Ihre motivierenden Antreiber sind. Wichtig dabei ist eine strukturierte Vorgehensweise mit Feedbackschleifen einer Außensicht, wie man sie im Coaching erhält.

Literatur

Bechara, A., Damasio, A. R., Damasio, H., & Anderson, S. W. (1994). Insensitivity to future consequences following damage to human prefrontal cortex. *Cognition, 50*, 7–15.
Haller, D. (2010). *dtv-Atlas Ethnologie*. München: dtv.
Klayman, J., & Ha, Y. W. (1987). Confirmation, Disconfirmation, and Information in Hypothesis Testing. *Psychological Review, 94*, 211–228.

Angst vor schwierigen Gesprächen

5

5.1 Innere Prozesse erkennen

Einige Ängste, wie die Angst vor schwierigen Gesprächen, haben für viele Menschen einen konfrontierenden Aspekt. Es gibt Klienten, die mit einem Gespräch eine bestimmte Situation verbessern oder klären wollen oder sie wollen sich einfach über ein Problem aussprechen, um sich Luft zu machen. Es geht letztlich dabei immer um die Lösung belastender Situationen. Gewisse Problemstellungen sind derart verfahren und die Fronten so verhärtet, dass sie nur noch mit einem Mediator gelöst werden können. Das geschieht, wenn Konfrontation und Konflikt so lange ungelöst im Raum standen, bis man die Ursache nicht mehr erkennen konnte. Meistens ist man dann auch nicht mehr in der Lage an das Thema rational heranzugehen.

Hinter der Angst vor schwierigen Gesprächen können, aus motivationspsychologischer Sicht, Motive stecken, die erklären, warum ein Gespräch Angst erzeugt. Es ist jedoch nicht immer sinnvoll, primär intrinsische Motive zu bemühen. Es geht daher in diesem Abschnitt zunächst um die Erkenntnis innerer Prozesse, die in einem Menschen vor sich gehen können, der Angst vor schwierigen Gesprächen hat. – Und wer hatte das noch nicht? Auch Sie, verehrte Leserinnen und Leser, befanden sich bestimmt schon in Situationen, wo Sie nicht weiterwussten, weil ein schwieriges Gespräch anstand. Sie wussten nicht, wie vorzugehen ist, hatten keine Strategien und keinen Plan. Kein Wunder, dass eine solche Herausforderung lähmend wirken kann. Coaching kann helfen mit anwendbaren Strategien und Vorgehensweisen. Vielleicht sind die folgenden Ratschläge und Tipps auch für Sie durchaus hilfreich.

Zunächst gilt es zu verstehen, dass keine unserer Ängste darauf angelegt ist, uns zu schaden. Ganz im Gegenteil, Ängste sind emotionale Indikatoren, die für ein Umdenken hin zu einer positiven Veränderung genutzt werden können. Der Instinkt, der die Angst entstehen lässt, ist ein sinnvoller Instinkt. Der Grund aber, der die Angst auslöste, ist leider oft einer, der unserem Kopfkino entspringt, also einer subjektiven und nicht der objektiven Realität.

Anders verhält es sich, wenn Ihnen zum Beispiel Folgendes passiert: Auf einem Waldspaziergang an einem schönen Sommernachmittag träumen Sie vor sich hin und vergessen, was um Sie herum passiert. Plötzlich taucht aus dem Nichts ein Schäferhund auf und bellt Sie an. Sie erschrecken derart, dass Sie für einen Augenblick in eine Angststarre verfallen. Was Sie in diesem Moment kognitiv nicht erfassen können: Der Hund wollte nur spielen. Der Schreck kam zu plötzlich. Ihre Amygdala hat sofort die Kontrolle übernommen und auf Überlebensmodus geschaltet, denn sie ist als Teil des limbischen Systems für die Bewertung und Wiedererkennung von Gefahren verantwortlich. Ihre kognitiven Fähigkeiten sind jetzt auf ein Minimum reduziert. Sie werden sich in diesem Moment vermutlich weder an Ihre Adresse noch an den nächsten Termin erinnern können, das alles wird von Ihrem Gehirn ignoriert, denn Sie befinden sich im Überlebensmodus. Der Trigger Hund im Kontext Wald, die Umgebung, die Sie gerade wahrnehmen, wird als potenzielle Gefahr sanktioniert. Der Schock ist so tief, dass die entsprechende Gehirnregion angefeuert wird und diese Erfahrung, als Reaktion auf künftige ähnliche Situationen, speichert. Von diesem Zeitpunkt an werden Sie Waldspaziergänge in einem anderen Licht sehen und Hunden mit einem anderen Gefühl begegnen.

Obwohl Menschen, neurologisch betrachtet, hoch entwickelte Lebewesen sind, haben wir nicht die Fähigkeit, in vermeintlich lebensbedrohlichen Situationen kognitiv logische Gedankengänge durchzuführen und sinnvolle Entscheidungen zu treffen, weil die archaischen Strukturen unseres Gehirns dann in Sekundenbruchteilen entscheiden, was lebensbedrohlich ist. Das funktioniert automatisch und ganz unabhängig von Logik. Erschwerend hinzu kommt beim Thema Angst, dass wir mit unserem Vorstellungsvermögen diese Gehirnbereiche aktiv-bewusst in Angst versetzen können. Die Realität, die unser Gehirn schafft, ist keine objektive Realität. Der Mensch ist das einzige Säugetier, das in der Lage ist, sich seine eigenen Realitäten zu erschaffen. Damit meine ich virtuelle Realitäten in unserem Kopf, die mittels Vorstellungsvermögen unseren Autopiloten steuern und uns diese Realitäten erleben lassen. So kann man sich zum Beispiel ausmalen, wie die nächste Besprechung mit einem schwierigen Kunden oder dem Vorgesetzten ablaufen würde. Dabei greift unser Gehirn, während der sogenannten transderivationalen Suche (Walker 1996) auf ähnliche Erinnerungen zurück und setzt diese gefundenen Komponenten zu einem neuen Film zusammen, der so realistisch erscheint, dass Hormone ausgeschüttet werden, die im Blutbild nachweisbar sind. Wenn eine anstehende Besprechung, Ihren Erfahrungen zufolge, eine Stress auslösende Note hat, wird in Ihrem Gehirn das Stresssystem aktiviert und schüttet Adrenalin und Cortisol aus. Damit wird der Körper in Alarmbereitschaft gesetzt. Es ist der gleiche Prozess, wie bei unseren Vorfahren vor vielen Tausend Jahren, als sie von einem wilden Tier bedroht wurden und in Gefahr waren – es geht ums Überleben. Ihr Gesichtsfeld verengt sich und konzentriert sich auf den Aggressor. Das ausgeschüttete Cortisol mobilisiert Muskelenergie für den bevorstehenden Kampf. Blutdruck und Puls steigen, Arme und Beine werden nicht mehr stark durchblutet, um bei einer möglichen Verletzung nicht zu verbluten. Zudem wird die ganze Energie in der Rumpfmuskulatur benötigt, die zum Kämpfen oder Rennen genutzt wird. Sie befinden sich im Überlebensmodus, obwohl Sie, anders als Ihre Vorfahren, gar nicht in Gefahr sind. Nicht nur, weil die Besprechung noch gar nicht begonnen hat, sondern weil dabei gar keine lebensbedrohliche Gefahr besteht. All dies geschieht aufgrund Ihrer Erfahrungen und vielleicht auch aufgrund Ihrer Vorstellung, wie die nächste Besprechung mit einem schwierigen Kunden oder Vorgesetzten ablaufen *könnte*. Oftmals ist der Anstoß des Gedankens bereits genug, um den Stein ins Rollen zu bringen. Hier wäre ein Diagnostiktool zur Bewusstmachung des Ursprungs der Angst sinnvoll. Ein solches Diagnostiktool wäre ein Persönlichkeitsprofil, das in einer entsprechenden Situation wertvolle Hinweise darüber liefert, welcher Antrieb die Angst im unbewussten Teil Ihrer Persönlichkeit schürt. Wie ein Temperatursensor, der beim Absinken der Raumtemperatur die Heizleistung langsam erhöht. Ein solches Diagnostiktool könnte aufklären, welche „Sensoren" aktiv sind und wie empfindlich sie sind.

Hierbei wird die Frage beantwortet, in welchem „Zimmer" der Sensor zu empfindlich eingestellt ist, weil er bereits bei einem Hauch kalter Luft die Heizleistung auf Stufe zehn stellt, und – um bei diesem Bild zu bleiben – wie lange der Sensor braucht, bis er den Kontakt wieder löst und die Heizung runter reguliert. Die Heizung kann träge sein und auch nach dem Lösen des Sensorkontaktes nur langsam regulieren oder sie kann sehr schnell reagieren, um zur normalen Temperatur zurückzukehren. Wenn Sie wissen, wie Ihr Heizsystem in welchen Räumen funktioniert, können Sie sich dementsprechend vorbereiten.

Copingstrategien (abgeleitet vom englischen Verb „to cope", „bewältigen") stehen für die Art des Umgangs mit einem als bedeutsam und schwierig empfundenen Lebensereignis oder einer Lebensphase. Sie befähigen zu einem besseren Umgang mit künftigen Problemsituationen. Copingstrategien werden besonders häufig im Stressmanagement eingesetzt. Sich wiederholenden Situationen, die Sie aus irgendeinem Grund in Stress versetzen, kann so entgegnet werden, was zu einer langfristig nachhaltigen Lösung eines Problems beitragen kann.

Wie kann man seine Erkenntnisse über Angst auslösende Situationen sinnvoll nutzen?
Zunächst muss man verstehen, was in einem Prozess der Angstbildung abläuft. Hat man es verstanden, muss man den Vorgang akzeptieren, denn es ist sinnlos, Angst zu bekämpfen. Viel sinnvoller wäre die Frage nach den Gedanken (respektive dem Trig-

ger), die diese Angst ausgelöst haben. Welcher Film ist zum Beispiel unmittelbar vor dem Entstehen der Angst im Gehirn abgelaufen? Was habe ich mir eingeredet? Welcher Tonfall, welche Sprechgeschwindigkeit, welche Wörter habe ich benutzt, bevor die Angst in mir aufkam? Im Grunde genommen können wir mit jedem Reiz in einem unserer fünf Sinne (Sehen, Hören, Fühlen, Riechen, Schmecken) eine Angstreaktion auslösen, wenn sie darauf – von uns selbst oder von anderen – schon konditioniert worden sind. Mit anderen Worten und wie im obigen Beispiel gezeigt kann vor dem geistigen Auge ein Film ablaufen, eine Vorstellung im doppelten Sinne dieses Wortes: Ich stelle mir etwas vor, das zwar nur eine Vorstellung (eine Aufführung, wie ein Theater im Kopf) ist, die aber genau so wirkt, als wäre sie real. Die entsprechenden Worte im stillen Selbstgespräch sind ebenso wirksam wie die tatsächliche Präsenz an einem bestimmten Stress auslösenden Ort. Selbst die Stimme einer Person zu hören, die in der Vergangenheit sehr oft mit Stress in Verbindung stand, kann ein Angstauslöser sein. Vielleicht kennen Sie das auch: In Ihrer Ausbildungszeit gab es einen Dozenten, der dafür bekannt war, sehr streng zu beurteilen, und der in Gesprächen manchmal auch mit sarkastischen oder gar zynischen Sprüchen auffiel. Sämtliche Studenten hatten Angst vor seiner abschätzigen Taxierung ihrer Arbeiten. Selbst an guten Arbeiten fand er immer ein Haar in der Suppe, als würde er mit der Lupe danach suchen. Der Grund für dieses Verhalten wird wohl in seiner Kindheit zu suchen sein, aber darum geht es hier nicht. Es geht darum, dass Ihr Gehirn darauf „programmiert" wurde Angst auszulösen, schon beim Klang seiner Stimme. Jahre später, Sie haben sich erfolgreich im Job etabliert, wie viele Ihrer Kollegen auch, und damit bewiesen, dass der besagte Dozent mit seinen penetranten Äußerungen falsch lag, bekommen Sie einen neuen Vorgesetzten. Als Sie zufällig an seinem Büro vorbeilaufen, ruft er nach Ihnen, weil er Sie kennenlernen will. Als Sie seine Stimme hören, die zufällig einen sehr ähnlichen Klang wie jene des ungeliebten Dozenten hat, zucken Sie sofort zusammen und verfallen fast in Angststarre. Diese Stimme war auch viele Jahre später noch ein Auslöser für Angst, obwohl der neue Vorgesetzte Sie nur kennenlernen wollte und keinesfalls tadeln (denn er kannte Sie ja gar nicht). So kann eine Stimme oder auch nur ein Gedanke an eine unangenehme, aber längst vergangene Situation Angst auslösen, so sehr, dass sie das anstehende Gespräch zum gegenseitigen Kennenlernen – etwas Selbstverständliches also – am liebsten vermeiden möchten.

Wie also kann man das Wissen um die Gründe für Angst auslösende Situationen für sich selbst nutzbar machen? Da Sie nun bereits mehr über das Entstehen von Ängsten wissen, sich aber dagegen aus neurobiologisch sinnvoller Sicht nicht wehren können, sollten Sie das Problem auf andere Weise angehen. Warum Ihr Gehirn gewisse Reize als Gefahrensituationen kategorisiert hat, ist im ersten Schritt zunächst unerheblich. Zur Erinnerung: Angst zu haben ist grundsätzlich völlig normal und sinnvoll, es geht also nie darum, Angst völlig aus dem eigenen Leben zu verbannen. Denn Menschen, die sogar in lebensbedrohlichen oder dramatischen Situationen keine Furchtreaktionen zeigen, sind potenziell lebensgefährdet, wie etwa Patienten mit dem Urbach-Wiethe-Syndrom, die keinerlei Angst auslösende Reize außer Erstickungsgefühle verspüren. Das bewirkt eine Schädigung der Amygdala und kann für die Betroffenen lebensgefährlich sein, weil die Angst als Schutzmechanismus praktisch total ausfällt (Feinstein et al. 2013).

Sinnvoller, als Angst zu bekämpfen, wäre die Buchführung von Situationen, in denen Sie Angst verspüren. Listen Sie künftig Angst machende Situationen auf. Vielleicht finden Sie auf diesem Weg ein Muster, das solchen Ängsten zugrunde liegt. Mit einer solchen Liste können Sie sich zwar nicht selbst therapieren, aber das Erkennen von Angst auslösenden Mustern lässt die Angst nicht so plötzlich und unmittelbar erscheinen. Sofern Ihre Ängste Ihr Leben maßgeblich einschränken, sind Sie gut beraten, sich professionelle Hilfe zu nehmen.

Was die Angst vor schwierigen Gesprächen mit der Persönlichkeit zu tun hat, erfahren Sie im Abschn. 5.2.

5.2 Persönlichkeitsprofile

Um zu verstehen, welches Persönlichkeitsprofil Menschen mit Angst vor schwierigen Gesprächen haben, kann das bereits an anderer Stelle in diesem Buch erwähnte Diagnostiktool Reiss Motivation Profile® mit seinen 16 Items sehr hilfreich sein. Denn mit diesem Werkzeug kann man fundamentale Daten erfassen, die in einem Coaching sonst über zahlreiche Sitzungen erarbeitet werden müssten. Mit diesem Tool kann man Verhaltensweisen, Strategien und den Persönlichkeitskern eines Klienten schnell und gut einordnen.

Über die Jahre sind mir die in diesem Kapitel behandelten Antriebe besonders bei Klienten aufgefallen, die Angst vor schwierigen Gesprächen hatten. Diese Antriebe schienen in besonderem Maß dazu beizutragen, Konfliktscheue aufzubauen und eine vergleichsweise große Angst vor einem Gespräch auszulösen. Andererseits gibt es wohl wenige Menschen, die sich auf schwierige Gespräche freuen wie auf einen Abendspaziergang am See. Trotz dieser treibenden Motive kann nie genau vorausgesagt werden, wie sich eine Person verhält.

Menschen mit einem stark ausgeprägten Lebensmotiv Anerkennung scheuen gewisse Themen aus Angst vor Anerkennungsverlust. Was, so fragen sie sich, wenn mein Gesprächspartner die Beziehung zu mir beendet, falls ich dieses Thema anspreche? Oder was, wenn sich herausstellt, dass ich überhaupt nicht imstande bin, so ein schwieriges Gespräch zu Ende zu führen? Sie möchten gut dastehen und wollen auch von ihrem Gegenüber hören, dass ihr Vorgehen positiv bewertet wird.

Die zweite Gruppe von Menschen, die sich mit der Thematik von schwierigen Gesprächen auffällig schwertaten, hatten ein stark ausgeprägtes Lebensmotiv Ruhe. Sie sind stresssensibel veranlagt und dadurch anfällig für Ängstlichkeit. Ihre fein justierten Antennen registrieren schnell, wann die Luft dicker wird. Sie streben nach emotionaler Stabilität und Sicherheit. Schwierige Gespräche passen daher nicht besonders gut zu ihrem Persönlichkeitsprofil. Oftmals kreisen die Gedanken von Menschen mit dem Streben nach Ruhe im Kreis. Sie malen sich unzählige Möglichkeiten aus, wie das Gespräch scheitern könnte, und wollen auf die für sie unsichere Situation vorbereitet sein.

Menschen mit einem niedrig ausgeprägten Lebensmotiv Unabhängigkeit sind von Gemeinschaftssinn, Kollegialität und Teamorientierung angetrieben. Sie gehören zur dritten Persönlichkeitsgruppe. Sie achten darauf, dass es den Menschen in ihrem Umfeld gut geht und sie sich wohl fühlen. Solche Menschen streben nach Verbundenheit, was Konflikten eher gegenläufig ist. Ihnen widerstrebt die Konfrontation, sie wollen keinen Disput, der die Harmonie stören könnte und für alle Beteiligen letztlich unangenehm wäre.

Personen mit einem niedrig ausgeprägten Lebensmotiv Rache haben ein starkes Bedürfnis nach Kooperation und werden meist als Friedensstifter betrachtet. Sie gehören in die vierte und letzte Gruppe. Einen Konflikt einzugehen ist für Menschen mit dieser Ausprägung besonders anstrengend – sie wollen nicht streiten. Das kann so weit gehen, dass sie einem Konflikt aus dem Weg gehen, selbst wenn sie wissen, dass gestritten werden muss. Mit anderen Worten, sie haben eine Tendenz in konfliktreichen Situationen, dem Gegner das Feld zu überlassen. Besonders auch dann, wenn angenommen werden kann, dass die Gegenpartei für einen Konsens nicht einlenken wird.

5.3   Storytelling gegen die Angst

Es gibt unzählige Möglichkeiten, wie die Thematik *schwierige Gespräche* angegangen werden kann. Lassen Sie mich an der Stelle einen Fall schildern, um eine der Möglichkeiten darzustellen.

Herr Marbach ist Leiter und Direktor der Produktionsabteilung eines größeren Industriebetriebes. Das Unternehmen hat über zwei Jahre unter dem starken Schweizer Franken gelitten und die Verkaufszahlen gingen massiv zurück. Wir erinnern uns: Im Jahr 2015 hatte die Schweizerische Nationalbank den Mindestkurs von 1,20 Schweizer Franken pro Euro aufgegeben. Danach notierte der Schweizer Franken deutlich stärker mit 1,05 Schweizer Franken pro Euro. Die Schweizer Produkte wurden damit im EU-Raum schlagartig teurer, die Metall- und Maschinenindustrie sowie der Tourismus litten stark darunter, auch der Betrieb, in dem Herr Marbach beschäftigt war.

Es war ungewiss, wann die Aufhebung der Bindung von der Schweizerischen Nationalbank zu erwarten war. Die Medien berichteten, dass die Untergrenze für den Euro bis auf Weiteres fixiert bleibe. Damit standen in Herrn Marbachs Betrieb unliebsame Reorganisationen an, auch die Streichung von Arbeitsplätzen. Tiefere Absatzzahlen bedeuten tiefere Produktionen, solange keine neuen Absatzmärkte erschlossen werden können. Letzteres war in fristgerechter Zeit nicht möglich.

Marbach sollte im Auftrag der Geschäftsleitung den ausgearbeiteten Reorganisationsplan im Produktionsbereich kommunizieren und umzusetzen. Mit der Umsetzung hatte Marbach fachlich gesehen keine Schwierigkeiten. Die Produktionslager waren gefüllt und die Produktionsmenge musste runtergefahren werden. Das bedeutete in seinem Bereich eine Reduktion von 15 bis 20 Prozent der Arbeitskräfte. Was ihm Kopfschmerzen bereitete, war die Tatsache, dass er den Reorganisationsplan mit seinen Abteilungsleitern koordinieren musste, damit alle am gleichen Strang ziehen. Besonders einer der Abteilungs-

5.3 Storytelling gegen die Angst

leiter, wir nennen ihn hier Herr Meier, war ihm in der Vergangenheit zeitweise aufgefallen, weil er eine Begabung dafür hatte, unangenehme Fragen zu stellen. Herr Marbach fürchtete Herrn Meiers unangenehme Fragen, weil sie die Stimmung in der Abteilungsbesprechung kippen lassen könnten. Das hätte seines Erachtens unabsehbare Folgen gehabt. Er wollte sicher sein, dass die Besprechung nicht emotional eskaliert. Wer kennt das nicht: Eine Diskussion wird emotional, eskaliert und man kann, wenn überhaupt, erst nach einer längeren Zeit wieder produktiv miteinander umgehen. Herr Marbach wollte nicht riskieren, wertvolle Zeit auf diese Weise zu vergeuden.

Herr Meier sprach Probleme direkt und unverblümt an und konfrontierte damit auch Abteilungsleiter anderer Bereiche, allesamt altgediente Mitarbeiter des Industriebetriebes. Sie hatten die Höhen und Tiefen der Branche über viele Jahre miterlebt und wussten, dass es nicht immer nur aufwärts gehen kann. Allerdings befand sich die Firma diesmal an einem in dieser Art noch nie da gewesenen Tiefpunkt. Im schlimmsten Fall wären auch die Abteilungsleiter vom Stellenabbau betroffen gewesen. Für die Umsetzung des Reorganisationsplans benötigte Herr Marbach jedoch die volle Unterstützung aller Abteilungsleiter.

Es gab noch eine weitere Sorge, die Herrn Marbach im Hinblick auf dieses schwierige Gespräch plagte: Was würden die Abteilungsleiter von ihm denken, wenn er diese Hiobsbotschaft in der Abteilungsbesprechung vorlegen wird? Könnten Spekulationen aufkommen, er habe sich nicht genug für sie eingesetzt? Oder würde man gar denken, er habe in der Geschäftsleitung versagt und deshalb jetzt den Bereich reduzieren müssen? Jedenfalls wünschte sich Herr Marbach auch nach der Kommunikation des Reorganisationsplans gut dazustehen.

Vielleicht erkennen Sie als Leser, welche der in Abschn. 5.2 beschriebenen Lebensmotive Herrn Marbach antreiben. Das wäre ein gutes Indiz für die Richtung, in die sein Handeln strebte. Herr Marbach ist sehr teamorientiert, mit einem tief ausgeprägten Lebensmotiv Unabhängigkeit. Er strebt nach Verbundenheit. Dass es seinen Abteilungsleitern gut geht, ist ihm wichtig. Würde er in der Lage sein, die stark belastende Nachricht seinen Abteilungsleitern mitzuteilen und gleichzeitig sicherzugehen, dass die Verbundenheit bestehen bleibt? Er konnte nicht beeinflussen, wie jeder Einzelne diese Botschaft aufnimmt. Denn hier gilt wie überall: Der Empfänger entscheidet über den

Inhalt der Botschaft. Ein weiteres Motiv, das Herrn Marbach antreibt, ist ein mittelhohes Lebensmotiv Anerkennung. Das motiviert ihn, seine Arbeit gut zu machen, um Bestätigung von außen zu bekommen.

Neue Erkenntnisse
Im Verlauf des Coachings erkannte Herrn Marbach, dass sein Wunsch nach Gemeinsamkeit und Verbundenheit ein wichtiger Antrieb für ihn ist. Er verstand, dass dieses Bedürfnis von ihm gelebt werden muss, wenn er sich zufrieden fühlen wollte. Früher hatte er oft an seinen Führungsfähigkeiten gezweifelt und daran, ob er mit der richtigen Palette an menschlichen Fähigkeiten ausgestattet sei. Er meinte damals, dass Führungspersonen, besonders im Direktionsbereich, zeitweilig emotional kühl und rücksichtslos sein müssten, Eigenschaften, mit denen er sich nicht identifizieren konnte. In allen 360°-Bewertungen der vergangenen zehn Jahre wurde er als durchwegs menschlich, freundlich und teamorientiert beurteilt. Es ging für Herrn Marbach in diesem Fall um die Erkenntnis, dass er mit seinen stark ausgeprägten Lebensmotiven, die aus seinem Persönlichkeitsprofil hervorgehen, motivorientiert seinen Unternehmensbereich führen konnte. Es war für ihn ein Leistungszeugnis seiner bis dato geleisteten Arbeit.

Herr Marbachs Antrieb nach Verbundenheit war keine Schwäche, ebenso wenig wie sein Wunsch, unter den Abteilungsleitern eine gute Stimmung aufrechtzuerhalten. Er erkannte über eine Reihe lösungsorientierter Fragen, dass in der aktuellen Situation diese Kompetenzen vielmehr ein Vorteil sein können. Auch sein mittelstarker Antrieb, für gute Arbeit Anerkennung zu heischen, verbuchte Herr Marbach – sofern richtig eingesetzt – als Stärke.

Ihm war nun klar, dass er seine persönlichen Kompetenzen in der bevorstehenden Situation nutzen kann. Mit diesem Set an Kompetenzen war er der richtige Mann für den Auftrag. Wie er anmerkte, fehlten ihm nur noch die passenden Tools, Techniken und Strategien, um die Informationen rund um die Reorganisation zu kommunizieren.

Nicht wenige Menschen konzentrieren sich viel zu sehr auf das Urteil ihres sozialen Umfelds, wenn es um ihre Fähigkeiten und Kompetenzen geht. Anstatt sich zu fragen, was kann ich und wo muss ich dazulernen, fragen sie sich, was meinen die anderen, das ich kann oder nicht kann. Wenn man das Umfeld über die eigenen Stärken und Schwächen bestimmen lässt, entscheidet man oft in vorauseilendem Gehorsam über das vermeintlich richtige Vorgehen. Indem man die Urteile anderer als richtig voraussetzt, vergisst man, dass es dabei immer um subjektive Einschätzungen geht und nicht um definitive Urteile. Nun sind Kompetenzen auf der Persönlichkeitsebene nicht per se veränderbar. Man kann sich aber ein Umfeld suchen, das sich mit den eigenen Persönlichkeitsmerkmalen im Einklang befindet. Dann erkennt man, dass in einem solchen persönlichkeitsadäquaten Umfeld Kompetenzen als Stärken gelebt werden können.

Neuer Fokus
Der Fokus von Herrn Marbach hatte sich von einer defizitorientierten, angsterfüllten Haltung hin zu einer positiven Akzeptanz der Situation verschoben. Er hatte erkannt, dass er nicht der Falsche, sondern der Richtige für den Veränderungsprozess war. Die folgenden

Elemente unterstützten Herrn Marbach dabei, sich auf die potenziell konfliktreiche Besprechung mit den Abteilungsleitern vorzubereiten.

Storytelling oder Fakten spannend vermitteln
Wir alle lieben gute Geschichten. Sie sind seit Jahrtausenden die ideale Überlieferungsform von Informationen über Generationen hinweg. Eine lebendig erzählte Geschichte gewinnt weitaus mehr Aufmerksamkeit der Zuhörer als eine sachliche Darlegung von Tatsachen. Mit entsprechender Dramaturgie identifizieren sich die Rezipienten mit dem Hauptprotagonisten einer Geschichte und erleben dabei Emotionen wie Freude, Angst, Wut etc.

Joseph Campbell veröffentlichte 1949 das Buch *Der Heros in 1000 Gestalten* (Campbell 2011), ein Standardwerk der Mythenforschung. Auf seiner sogenannten Heldenreise basieren zahlreiche Filme und Bücher, die große Popularität erlangten. Auch George Lucas' populären Star-Wars-Filme basieren auf den Stationen der Reise des Helden (Moyer 1988). Die Faszination des Menschen für Geschichten über Leben und Sterben von Helden reichen aber bis in die Antike zurück. Die Epen des Homer, Ilias und Odyssee, haben die Kultur des Abendlandes geprägt wie kaum ein anderes Werk nach ihnen.

Es gibt aber auch eine vereinfachte Form der Heldenreiseerzählweise, sie nennt sich „5C for telling great stories", die 5C für gutes Geschichtenerzählen. Sie kann von allen schnell erlernt und angewandt werden. Da Herr Marbach nicht vorhatte einen Roman oder ein Drehbuch für einen Oscar-reifen Film zu schreiben, reichte die verkürzte Form durchaus, um seine Abteilungsleiter geistig am richtigen Ort abzuholen und die Sachlage emotional optimal darzustellen. Die fünf Schritte, die auch Sie bei der nächsten Präsentation einsetzen können, um Zahlen, Daten und Fakten zu veranschaulichen und damit Ihre Präsentation zu verbessern, sind die folgenden:

Die 5C
Die Struktur der 5C basiert auf Craig Valentine's Neun-Schritte-Format (Valentine 2016) und ist ein Akronym für Charakter, Conflict (Konflikt), Cure (Heilung), Change (Veränderung) und Carry out Message (Moral der Geschichte):

Charakter Jede Geschichte hat Charaktere. Wählen Sie die Personen in Ihrer Geschichte sorgfältig aus. Auch Humor ist ein guter Ansatz, da wir alle gerne lachen, was uns gleichzeitig entspannt.

Conflict Ihre Geschichte sollte einen Konflikt beinhalten. Stellen Sie Ihre Charaktere in eine Konfliktsituation. Damit laden Sie die Zuhörer ein, darüber nachzudenken, wie sie den Konflikt lösen könnten. Machen Sie dabei strategische Angebote für die Konfliktlösung.

Cure Ihre Geschichte braucht eine Heilung (Cure). Mit anderen Worten: Präsentieren Sie ein positives Ende für die konfliktreiche Situation. Die Heilung hilft den Zuhörern auch über eigene Konflikte in ihrem Leben hinwegzukommen.

Change Die Charaktere sollten sich als Resultat des Konfliktes ändern. Bieten Sie konkrete Haltungsänderungen der Charaktere an, die sie brauchen, um im Konflikt zu bestehen. Mit anderen Worten: Wie hat sich, als Resultat des Konflikts, der Blick auf die Welt verändert?

Carry out Message Das Ziel Ihrer Geschichte ist die Illustration der Klärung einer Konfliktsituation. Dies ist die Lektion, die Sie Ihren Rezipienten mit auf den Weg geben sollten, ähnlich wie die Moral am Ende einer jeden Fabel. Daher muss von Anfang an klar sein, was die Zuhörenden von der Geschichte lernen sollen.

Probieren Sie es aus! Geschichten wecken Emotionen und Emotionen bewegen Menschen. Wenn Sie möchten, dass man Ihnen zuhört und Sie besser versteht, dann sind Geschichten der Schlüssel dazu. Um zu verdeutlichen, wie sehr eine gut erzählte Geschichte oder eine gute Rede den Lauf der Dinge ändern kann, muss man sich nur die Worte Barak Obamas vergegenwärtigen, die seine Wahl zum Präsidenten der Vereinigten Staaten von Amerika entscheidend mitbestimmten: „Yes, we can." Dieser Slogan war der Gipfel vieler Narrative, vieler sinnstiftender Erzählungen, die er in seinem Wahlkampf äußerst erfolgreich eingesetzt hatte.

Ziel erreicht
Herr Marbach hatte im Coaching seine Zweifel in Stärken verwandelt und erkannt, dass er die richtige Person für die anstehende Aufgabe war. An der Reorganisation des Industrieunternehmens führte kein Weg vorbei. Er hatte erkannt, dass dafür alle an einem Strang ziehen müssen, und hat sich zum Ziel gesetzt, dass die Kommunikation zur Reorganisation keine sachlich-fachliche Wiedergabe von Zahlen, Daten und Fakten sein wird. Vielmehr wollte er alle beteiligten Abteilungsleiter emotional berühren und sie in dieser schwierigen Situation zu Bestleistungen motivieren.

Herr Marbach entwickelte über zwei Wochen hinweg eine Geschichte anhand der 5C für die geplante Abteilungsleitersitzung. Als er das Gefühl hatte, seine Geschichte sei präsentationsreif, erzählte er sie zuerst seiner Frau. In der Geschichte ging es um ihn, die Abteilungsleiter und die Belegschaft der Firma in der aktuellen Wirtschaftslage. Der berührende Konflikt bestand aus der Tatsache, dass Mitarbeitende, die über viele Jahre hinweg beste Leistungen erbracht hatten, nun über einen Verbleib anderer in der Firma mitentscheiden müssten. Was der Schlüssel seiner Geschichte sein würde, die Carry out Message, war ihm bereits im Coaching klar: „Wir wollen für jeden das Beste Resultat ermöglichen!" Herr Marbach wollte nicht einfach nur Kündigungen aussprechen, was ihm von vielen Seiten empfohlen worden war. Nein, er wollte eine ethisch vertretbare, gemeinschaftliche Lösung für alle Betroffenen finden. Herr Marbach schaffte es mit seiner Schlüsselpräsentation, die betroffenen Abteilungsleiter auf eine gemeinsame Linie einzuschwören. Mit gemeinsamen Kräften, wie er in einem Follow-up mitteilte, konnten die Abteilungsleiter über Teilzeitangebote einen großen Teil des Abbaus abfedern. Zwei Abteilungsleiter nutzten die Gelegenheit für ein Sabbatical und einen darauffolgenden Stellenwechsel. So musste nur ein Bruchteil des ursprünglich geschätzten Personalabbaus durchgeführt werden.

5.4 Fazit

Eigene Ziele und Antriebe kennen
In jedem Menschenleben stehen manchmal, privat wie beruflich, schwierige Gespräche an. Wie problematisch ein Gespräch sein wird, weiß man nicht im Vornherein. Manchmal sind Situationen aber bereits so verfahren, dass ein Mediator zurate gezogen werden sollte. Dann nämlich, wenn sich bereits so viele Emotionen angestaut haben, dass keine rationale Lösungsfindung gelingen würde. In solchen Fällen braucht man eine unparteiische Sichtweise von außen, um vorwärts zu kommen.

Wie leicht oder wie schwer es jemandem fällt, schwierige Gespräche zu führen, hängt auch von der Persönlichkeitsstruktur ab. Ist dies erstmal erkannt, sollte die Persönlichkeitsstruktur in die Lösungsfindung bewusst eingebaut werden. Mit den passenden Werkzeugen im Gepäck und dem Wissen über die eigenen Kompetenzen werden so schwierige Gespräche zu machbaren Aufgaben.

Herr Marbach erkannte im Coaching, wie er seine Kompetenzen als Stärken nutzen konnte und dass seine Zweifel einerseits unbegründet, andererseits aber auch Antrieb seiner Stärken waren. Wenn wir wissen, wie Angst entsteht und wie wir in der Regel unbewusst selber Ängste entstehen lassen, können wir dem entgegenwirken und unbegründete Ängste entkräften. Angst, die, wie schon öfters hier erwähnt, sinnvoll sein kann, weil sie das Überleben sichert, basiert auf archaischen Strukturen in unserem Gehirn. Sie sind im Verlauf einer langen Menschheitsentwicklung entstanden, in der das Gehirn sie als sinnvoll gespeichert hat. Heutzutage aber sind sie fehleranfällig geworden. Erfahrungen, die wir vor Jahrzehnten gemacht haben, waren vielleicht für eine gewisse Zeit adäquat und sinnvoll, haben aber durch die Veränderung der Lebensumstände und des Umfeldes an Sinnhaftigkeit verloren, wie das Beispiel der Angst vor Hunden verdeutlichte. Dreißig Jahre später, als Erwachsener, stellt ein kleiner Hund keine Gefahr mehr dar, die damals vom Gehirn gespeicherte Angst aber ist geblieben. Es wäre also an der Zeit, diese auf archaischen Strukturen basierende Angst bewusst als unwirklich wahrzunehmen und abzulegen. Hilfreich ist dabei die gezielte Auseinandersetzung mit seinen Ängsten, z. B. mithilfe eines kleinen Angstinventars, das man sich anlegt, um gewisse wiederkehrende Muster zu erkennen. Wenn sich dabei Angstmuster zeigen, die heutzutage üblicherweise keinen Sinn mehr ergeben, kann man sich davon befreien. Man muss nur verstehen, dass jeder Sinnenreiz eine Kaskade von Erinnerungen aktivieren kann, die durch eine längst vergangene Erfahrung im Gehirn gespeichert worden waren. Bewusstes Denken ist um ein Vielfaches langsamer als unbewusstes verarbeiten von Sinnenreizen und Informationen. Professionelle Hilfe, etwa durch Coaching, ist dabei äußerst sinnvoll, weil sie die Probleme bei der Wurzel packt.

Auch die eigene Persönlichkeitsstruktur hat etwas mit der Entstehung und dem Umgang von Ängsten zu tun. Im Fall von Herrn Marbach waren gleichzeitig drei Motive aktiv, die meiner Erfahrung nach bei Angst vor schwierigen Gesprächen ein Thema sein können. Ein viertes Motiv, Rache/Wettkampf, befand sich bei Herrn Marbach in der ausgeglichenen Mitte. Ich möchte das Motiv der Rache und des Wettkampfs noch etwas besser mit einem Beispiel erläutern. Falls Sie, liebe Leserin, lieber Leser, sich als Mediator verstehen, also als eine Person, die gerne für Ausgleich sorgt und deshalb Streiten und Wettkämpfe verabscheut, könnte Ihnen der Blickwinkel im folgenden Beispiel neue Möglichkeiten eröffnen: Ein Klient mit einem sehr starken Motiv in Sport, hatte das Motiv Rache/Wettkampf ebenfalls sehr tief verankert. Er verstand sich als Mediator der auf Ausgleich bedacht ist. Für ihn war die Unterscheidung zwischen den Begriffen Verhandlung, Diskussion und Streit entscheidend, um mit schwierigen Gesprächen und Konflikten besser umgehen zu können. Streit war für ihn nur ein allerletztes Mittel, das er lieber nie eingesetzt hätte. Hingegen empfand er es als anregend, den Begriff Diskussion (anstatt Streit) zu verwenden, um nach einer Lösung für alle Seiten zu suchen.

Mit dem Blickwinkel, dass Auseinandersetzungen auch nur Diskussionen seien, veränderte sich seine innere Haltung und damit auch die Angst vor schwierigen Gesprächen oder vermeintlichen Auseinandersetzungen. Manchmal muss man also nur den Blickwinkel auf die verwendeten Begriffe zurechtrücken, um die Angst vor schwierigen Gesprächen erfolgreich zu umgehen.

Literatur

Campbell, J. (2011). *Der Heros in tausend Gestalten*. Leipzig: Insel.
Feinstein, J. S., Buzza, C., Hurlemann, R., Follmer, R. L., & Dahdaleh, N. S. (2013). Fear and panic in humans with bilateral amygdala damage. *Nature Neuroscience, 16*(3), 270–272.
Moyer, B. (1988). Joseph Campell and the power of myth – The hero's adventure. https://billmoyers.com/content/ep-1-joseph-campbell-and-the-power-of-myth-the-hero's-adventure-audio/. Zugegriffen am 12.01.2019.
Valentine, C. (2016). The edge of their seats storytelling course. https://craigvalentine.com. Zugegriffen am 14.11.2018.
Walker, W. (1996). *Abenteuer Kommunikation*. Stuttgart: Klett-Cotta.

Angst vor Isolation und Wertlosigkeit 6

6.1 Bin ich ohne Erwerbsarbeit wertlos?

Die Angst vor Isolation und Wertlosigkeit begleitet viele Menschen beim Älterwerden und verstärkt sich, je näher die Pensionierung rückt, aber auch wenn sich Arbeitslosigkeit abzeichnet. Was bin ich noch wert ohne meine Arbeit, fragen sich viele. Das geschieht logischerweise immer dann, wenn man seinen eigenen Wert mit der Tätigkeit verknüpft, die man ausführt. Man identifiziert sich so sehr mit seinem Beruf, dass er die eigene Identität beeinflusst oder gar bestimmt. Menschen brauchen einen Sinn und eine Aufgabe im Leben. Nicht selten wird der über die Arbeit definiert, nach dem Motto: Sage mir, was du arbeitest, und ich sage dir, wer du bist. Egal ob diese Gleichung stimmt oder nur anerzogen ist, Arbeit bestimmt bei vielen, wenn nicht bei den meisten Menschen den Selbstwert. In einer Arbeitswelt, die sich rasant verändert und mit Schlagwörtern, wie Digitalisierung, Industrie 4.0, flexible Arbeitszeiten, Robotereinsatz, die Zukunft quasi in die Gegenwart holt, wird es für viele Menschen immer schwieriger, Schritt zu halten. Die dadurch ausgelöste Angst kann zusätzlich lähmend wirken. Wer seinen Selbstwert von seiner Arbeit abhängig macht, wird ihn beim Verlust seiner Arbeit verlieren. Auch Menschen, die sich dem Rentenalter nähern, können Angst vor Wertlosigkeit entwickeln.

Wer bin ich noch, wenn ich nicht mehr Manager bei einem großen Schweizer Finanzdienstleister bin, fragte sich Herr Sollberger, als er das 58. Lebensjahr überschritten hatte und die Pensionierung herannahte. Seine Lebensumstände waren geordnet und gefestigt. Finanziell hatte er ausgesorgt, selbst wenn er eine Frühpensionierung in Erwägung gezogen hätte. Seine Ehe hatte 30 Jahre gehalten, obwohl sie sich auseinandergelebt hatten. Seine beiden Kinder hatten schon selbst Familien gegründet. Herr Sollberger war immer noch ein gut aussehender Mann, groß gewachsen, Brillenträger, leicht schütteres Haar, kein einziges grau. Sein leicht mürrisch wirkendes Gesicht war furchenreich, man konnte ihm die anstrengenden Jahre in der Bank vom Gesicht ablesen. Seine Stimme wirkte freundlich, wenn er, sehr ausführlich, von seinen Erfahrungen und seinen Problemen erzählte.

Sein dringendstes Anliegen gipfelte in der Frage: Was geschieht nachher, nach der Pensionierung? Wie würde sich sein Leben ändern? Und wie sollte er mit dieser Veränderung umgehen? Es gäbe für ihn dann ja keine Ziele mehr, sinnierte Herr Sollberger und stellte sich vor, wie sich mit dem Eintritt in die Rente seine Alltagsstruktur ändern würde: Die sozialen Kontakte könnten sich verringern, die gesellschaftliche Anerkennung ebenfalls. Er würde durch die Pensionierung gleichsam den Sinn seines Daseins verlieren.

Es ist ein Merkmal unserer Gesellschaft, arbeitslos oder erwerbslos mit wertlos gleichzusetzen: Ich bin, was ich leiste. Arbeitslose leiden sehr häufig unter dem Druck, wieder vermeintlich wertvoll sein zu müssen. Bei Rentnern ist das oft nicht anders, auch wenn es paradox erscheint, denn die meisten Menschen wollen das Pensionsalter erreichen, um nicht mehr arbeiten zu *müssen*. Mit dem nahenden Pensionsalter treten tief integrierte, limitierende Glaubenssätze in den Vordergrund. Herr Sollberger lieferte ein ganz typisches Beispiel dafür. Er hätte große Angst, wertlos zu werden, so ohne Arbeit und ohne Job, beteuerte er immer wieder.

Gesundheitlich ging es ihm recht gut. Er hatte keinerlei körperliche Beschwerden, klagte aber seit einigen Monaten über psychische Einschränkungen, zunehmende Unkonzentriertheit, wachsende Ängste und massive Schlafstörungen. Dabei hatte er schon sein Leben lang immer gut einschlafen können, selbst in belastenden und psychisch beanspruchenden beruflichen Situationen. Nun aber wachte er nach zwei bis drei Stunden wieder auf, um sich, oftmals bis in die Morgenstunden, im Bett zu wälzen. Das kannte er zwar auch von früher, wenn er in geschäftlich angespannten Zeiten leicht einschlafen, aber nicht durchschlafen konnte. Jedoch verschwanden damals diese Beschwerden nach wenigen Tagen oder spätestens nach einer Woche.

6.1 Bin ich ohne Erwerbsarbeit wertlos?

Seine Frau wusste nichts von seinem Befinden. Sie schliefen seit 20 Jahren in getrennten Zimmern, weil sein frühes Aufstehen schon immer von seiner Frau als störend empfunden worden war. Anfangs hatten sie das nicht so ernst genommen und immer mal gemeinsam in einem der Schlafzimmer geschlafen. Mit der Zeit hat sich das reduziert, bis sie schließlich nur noch getrennt schliefen. Sie wusste daher nichts von seinen Schlafstörungen, auch weil er morgens bereits um 6 Uhr das Haus verließ, während sie erst gegen 7:30 Uhr in den Tag startete. Das störte Herrn Sollberger aber nicht, denn er wollte ihr nichts von seinen Sorgen auflasten. Er hatte über die Jahre akzeptiert, dass seine Frau weder seine geschäftlichen noch seine privaten Sorgen und Gedanken nachvollziehen konnte. Sie lebten inzwischen in verschiedenen Welten, wie er lapidar erzählte. Sein berufliches Leben sei fast sorgenfrei verlaufen, sein Karriereweg war quasi vorgegeben. Selbstverständlich hätte er durchgehend spitzenmäßige Leistungen erbracht, Geschäfte abgeschlossen und durch gute Arbeit seinen Arbeitsplatz sichern können, selbst in wirtschaftlich und politisch schwierigen Zeiten.

Beim ersten Coaching erzählte er mir ausführlich von den Herausforderungen und offenen Fragen, die im Hinblick auf seine Pensionierung auf ihn zukämen: Was sollte er danach tun? Wie würde es mit der Beziehung zu seiner Frau weitergehen? Wie könnte er sind Leben sinnvoll weiterführen? Herr Sollberger hatte schon einige Coachings absolviert und wusste, dass professionelle Hilfe wieder Bewegung in sein Leben bringen könnte. Ihm war bewusst, dass, gerade in schwierigen Zeiten, ein Gegenüber mit einer urteilsfreien Haltung wie ein Spiegel für sein Selbst und deshalb extrem wertvoll sein könnte. Er beteuerte, dass es ihm wichtig sei, sich zunächst einmal diese ganze Last von der Seele zu reden.

Ich hörte aufmerksam zu, erklärte ihm, dass ich mir dabei hin und wieder ein paar Notizen machen würde, weil ich mir vermutlich nicht alles detailliert merken könne. Während er berichtete, fielen mir zahlreiche sogenannte Glaubenssätze in Bezug auf seine Identität auf, die ich mir ebenfalls notierte:

- Ich bin ohne Arbeit nichts wert.
- Ich bin kein guter Ehemann.
- Ich werde ohne die Firma nicht fähig sein, auf eigenen Beinen zu stehen.

> **Übersicht**
> Glaubenssätze sind nicht nur religiöse oder ideologische Überzeugungen, sondern alles, was Menschen über sich, auf dem Hintergrund ihrer Erfahrungen, für real halten. Sie sind mentale Landkarten, die jede Person fortlaufend entwirft und erweitert, um sich in der Welt zu orientieren. Man könnte auch sagen, es sind Überzeugungen, Einstellungen, Verallgemeinerungen oder fest gefügte Meinungen, die bestimmen, wie wir Informationen interpretieren.

Wir alle haben unzählig viele Glaubenssätze, von denen einige bewusst, die meisten aber unbewusst auftreten. Sie bestimmen unsere Reaktionsweisen und sind so etwas wie eine sich selbsterfüllende Prophezeiung, die sich immer wieder bestätigen will. Glaubenssätze wirken auch als Wahrnehmungsfilter, durch den nur bestimmte Informationen durchkommen, damit wir Entscheidungen fällen können. Die wahrgenommene Realität ist schon von vornherein definiert. Egal was wir uns vornehmen zu tun, wir müssen im Vorfeld bereits an den Erfolg unseres Tuns glauben, sonst würden wir gar nicht erst damit beginnen.

Einem meiner früheren Mitarbeiter gab ich den Auftrag, eine Präsentation für einen wichtigen Kunden vorzubereiten. Er war fachlich kompetent und meines Erachtens durchaus in der Lage, das durchzuführen. Trotzdem bemerkte ich, dass ihn dieser Auftrag sichtlich stresste. Auf meine Frage, was ihn so nervös mache, antwortete er, dass er noch nie eine Präsentation durchgeführt hätte und dies vermutlich auch nicht könne. Weil er also glaubte, dass er nicht präsentieren könne, hat er auch nie damit angefangen.

Wir entwickeln Glaubenssätze aufgrund unseres Tuns und Erlebens, manchmal auch wenn wir das Erlebte nicht wirklich verstanden haben. So glauben zum Beispiel auch heute noch viele Menschen an die schwarze Katze, die Unglück bringt, wenn sie einem über den Weg läuft. Das geschieht, wenn man einem zufälligen Ereignis, wie dem der Begegnung mit einer schwarzen Katze, einen Sinn geben will.

Glaubenssätze bestimmen unsere Wirklichkeit, obwohl sie nie deren exaktes Abbild sind, sondern immer nur Teilaspekte darstellen. Da stellt sich die Frage, wie gut der Glaubenssatz seinen Zweck bei einer Person erfüllt, die daran glaubt. Der Glaubenssatz des Mitarbeiters, der meinte, keine Präsentation durchführen zu können, hat ihm quasi immer als (unbewusster) Vorwand gedient, um keine Präsentation durchführen zu müssen.

Da ein Glaubenssatz auf der Identitätsebene wie eine selbsterfüllende Prophezeiung und wie ein Filter wirkt, kann er weder argumentativ noch durch gegenteilige Erfahrungen widerlegt werden. Ich hätte Herrn Sollberger aufgrund seines Lebenslaufes zahlreiche Beispiele für seinen Wert aufzählen können, er hätte sie mit anderen Beispielen sofort entkräftet. In solchen Fällen können nur andere Erfahrungen helfen, die auf dieser Ebene wirksam werden.

In seinem Fall war es nützlich, auf hypnotische Prozesse zurückzugreifen. Hypnose ist ein Bewusstseinszustand respektive eine Methode, bei der man sich auf die innere, mentale Welt fokussiert und ausblendet, was man außen wahrnimmt. Allerdings hat Hypnose nichts mit jenem Hokuspokus zu tun, den man manchmal im Fernsehen oder zu Unterhaltungszwecken in einer Show sieht. Aber darauf komme ich später noch mal zurück. In den kommenden Sitzungen erarbeiteten wir in jeweils einer hypnotischen Trance sinnvolle Lösungen für Herrn Sollberger.

Ich konnte ihn im Zustand der Hypnose auf die Suche nach jenen Erlebnissen leiten, aus denen die Glaubenssätze entstanden sind. Glaubenssätze auf der Identitätsebene haben ihren Ursprung oftmals in kindlichen Erfahrungen. Herr Sollberger begab sich in der Hypnose deshalb in die Zeit zwischen seinem 7. und 12. Lebensjahr, als er seinen Eltern bei Gesprächen zugehört hatte. Dort fielen Aussagen wie die, dass man ohne Arbeit keine Zukunft habe und immer ein Unternehmen in seinem Leben bräuchte, damit man seine Familie ernähren könne. Ohne eine Anstellung in einer guten Firma sei man kein guter Familienvater und Ehemann. Diese Sätze stammten aus einer Zeit, in der das patriarchalische Weltbild noch prägnanter war als heute und die existenzielle Absicherung schwieriger. Seine Eltern wurden in einer Zeit geboren, als die Wunden des Ersten Weltkrieges kaum verheilt waren und kaum zehn Jahre später der Zweite Weltkrieg über Europa hinwegfegte. Es war eine von Entbehrungen, Sparsamkeit und Unsicherheit geprägte Zeit. Sozialpsychologisch lebten seine Eltern und seine Großeltern in autoritären Strukturen der Vorkriegs-, Kriegs- und Nachkriegsgeneration, als Männer für ihre Frauen und Kinder finanziell aufkamen. Diese und andere Werte, die sich dazumal bewährt hatten, nahm Herr Sollberger sprichwörtlich mit der Muttermilch auf. Sie hatten sich ihm tief eingeprägt. Keiner dieser Glaubenssätze war grundsätzlich falsch. Was sich verändert hatte, war die Zeit, die Lebensumstände, die ins Land gezogen waren, die Kultur und der soziale Umgang. Das alles hatte sich inzwischen mehrmals neu erfunden. Glaubenssätze wie, ohne Anstellung sei man kein guter Familienvater, sind meist sehr tief verankert und widerspiegeln erfolgreiche Strategien, die kopiert und unbewusst integriert worden sind. Im Zuge der antiautoritären Bewegung der 1968er, die eine radikale Gegenbewegung zu den alten, verkrusteten Strukturen war, verloren diese Glaubenssätze in der westlichen Welt weitgehend an Bedeutung. Wir alle haben unzählige sinnvolle Strategien kopiert und als Glaubenssätze integriert, die vor ein paar Jahrzehnten gültig waren und es heute noch sind, wie zum Beispiel: Ehrlichkeit währt am längsten oder ohne Fleiß kein Preis. Andere sind jedoch längstens überholt, sie haben in der heutigen Zeit keine sinnvolle Funktion mehr – wie die Glaubenssätze von Herrn Sollberger.

Erst im Zustand der Hypnose konnte Herr Sollberger neue Erfahrungen machen, Erlebnisse in tiefer Trance, durch die seine ihn begrenzenden Glaubenssätze wirkungslos wurden. Gleichzeitig entstanden in dem durchlebten Hypnoseprozess neue Glaubenssätze. Stellen Sie sich vor, Sie könnten in einem traumähnlichen Zustand mit ihrem jüngeren Ich einen Dialog zu einem Zeitpunkt führen, in dem ein limitierender Glaubenssatz entstanden ist. In diesem kindlich kreativen Zustand ist das dabei Erlebte fast so real wie die Wirklichkeit. Sie ermöglichen sich dadurch Veränderungen auf einer neurologischen Ebene, welche durch einfache Gespräche nicht möglich wären. Es gibt zahlreiche wissenschaftliche Studien und Metaanalysen, welche die Wirksamkeit von Hypnose in der Behandlung von psychischen, psychosomatischen und körperlichen Beschwerden belegen. Daher kann ich bewusst gesteuerte hypnotische Prozesse in einem Coaching absolut empfehlen.

Wie also hatte sich die Situation aus der Sicht von Herrn Sollberger verändert, nachdem überholte Glaubenssätze ihre Kraft verloren hatten und neue sich bilden konnten? Im Verlauf der Coachingphase zeigte Herr Sollberger weitaus weniger Angst vor der Pensionierung, aber dennoch einen gewissen Respekt vor der neuen Lebensphase, die auf ihn zukam. Die Angst vor Wertlosigkeit hatte sich gänzlich aufgelöst und es schien, als würde die Beziehung zu seiner Frau einen neuen Weg nehmen. Er hätte schon öfters daran gedacht, sich von seiner Frau zu trennen, erzählte Herr Sollberger, konnte es jedoch nicht, weil er sich ihr verpflichtet fühlte. Nun aber fühle er sich nicht mehr verpflichtet und deshalb freier. Das wiederum habe ihm einen neuen Blickwinkel für die Beziehung zu seiner Frau eröffnet, der ihm ermögliche, sie ganz neu kennenzulernen.

Herr Sollbergers Angst vor der Pensionierung ist während des Coachings nicht vollständig verschwunden, aber sie ist auf ein Maß geschrumpft, das man mit Respekt vor dem Unbekannten beschreiben könnte. Der Eintritt ins Rentenalter blieb für ihn, wie für viele andere Menschen auch, ein einschneidender Wechsel in eine neue Lebensphase – von einem erfüllten Berufsalltag in eine Zeit des Erforschens neuer sinnstiftender Lebensinhalte.

6.2 Fazit

Herr Sollberger konnte auf eine erfolgreiche Karriere als Bankmanager zurückblicken. Aber je näher die Pensionierung rückte, umso mehr wurden jene Glaubenssätze, die ihn während seiner beruflichen Karriere zu Erfolg, Sicherheit und Stabilität angetrieben hatten, nun zum Stolperstein und hemmten seinen weiteren Lebensweg auf allen Ebenen. Er entwickelte eine Angst vor Wertlosigkeit. Seine Identität war infrage gestellt. Wenn sich Lebensumstände drastisch ändern und das eigene Weltbild sprichwörtlich auf den Kopf gestellt wird, tauchen nicht selten die großen Lebensfragen auf. Das geschieht nicht bewusst, weshalb Gespräche auf dieser Ebene kaum weiterhelfen.

Im Coaching wurde geklärt, dass der Grund für seine Angst vor Wertlosigkeit seine Glaubenssätze waren, welche sich durch Erfahrungen in seiner frühen Jugend respektive Kindheit als für die damalige Zeit sehr wertvolle Lebenseinstellungen etabliert hatten. Durch die nahende, radikale Lebensveränderung, nämlich seine geplante Pension, wurde diese Geisteshaltung zu Recht infrage gestellt. Damit diese tief im Unbewussten verankerten Glaubenssätze verändert werden konnten, bot sich in diesem Fall die Methode der Hypnose an. In diesem kindlich kreativen Zustand ist es möglich, Erfahrungen und Erinnerungen zu verändern. Durch neue Erfahrungen im Zustand der Hypnose konnten seine Wertvorstellungen zurechtgerückt werden. Erst dadurch konnten sich neue Wertvorstellungen entwickeln.

Wir alle haben unzählige Glaubenssätze, die meisten davon sind uns gar nicht bewusst. Glaubenssätze sind so etwas wie der größere Rahmen für das Verhalten. Oft sind sie funktional, dann besteht kein Bedarf, etwas daran zu verändern. Ändern sich aber die Lebensumstände in einem größeren Maß, wie bei einer Pensionierung, kann es sein, dass Glaubenssätze, die in der Vergangenheit sinnvoll waren, einem den Weg in eine entspannte Zukunft versperren.

Es lohnt sich durchaus, sich hin und wieder seiner Glaubenssätze bewusst zu werden, sie gezielt zu hinterfragen und die als limitierend identifizierten Glaubenssätze zu verändern. Das menschliche Leben ist sehr lang im Vergleich zu seinem sich mitunter rasant verändernden sozialen Umfeld.

Deshalb überrascht es nicht, dass wir als Kinder, Jugendliche oder junge Erwachsene Glaubenssätze erlernt und integriert haben, die Jahre oder Jahrzehnte später ihre Gültigkeit verloren haben. Dieses Problem rein kognitiv anzugehen, also allein über das Gespräch, wird für eine Veränderung nicht ausreichen.

Wenn Sie an etwas glauben, bewusst oder unbewusst, werden Sie sich übereinstimmend zu Ihrem Glauben verhalten. Wie wirksam Glaube sein kann, zeigt sich in der Reaktionserwartung respektive dem Placeboeffekt (Kirsch 1985). Die Forschung zeigt, dass Placebos bei der Schmerzbekämpfung bei 51–70 Prozent der Patienten fast so gut wie Morphium wirken (Evans 1974, Evans 1977). Der Glaube versetzt Berge – das mag zwar nur ein Spruch zu sein, dennoch beschreibt er bildhaft treffend, welche Fähigkeiten unsere Neurobiologie hat. Wenn Glaubenssätze eine derart starke Wirkung sogar auf die körperliche Gesundheit haben, dann kann man sich die berechtigte Frage stellen, wie weitgehend wirksam limitierende Glaubenssätze wirklich sind.

Es gibt eine sehr prägnante Geschichte zur Illustration der extremen Wirksamkeit von Glaubenssätzen: Ein Mann glaubt, er sei eine Leiche. Ein Psychiater versucht ihm das auszureden, aber es gelingt ihm nicht. Irgendwann fragt er den Mann, ob Leichen bluten können. Der Mann weiß, dass bei Toten alle Körperfunktionen stillstehen, dass auch kein Blut mehr zirkuliert, und verneint. Da sticht ihm der Psychiater mit einer Nadel in den Finger, der sofort zu bluten beginnt. Der Mann sieht das Blut und meint: Oh, ich habe mich wohl geirrt. Leichen können doch bluten.

Literatur

Evans, F. J. (1974). The power of a sugar pill. *Psychology Today*, (April), 55–59
Evans, F. J. (1977). The placebo control of pain. In J. P. Brady et al. (Hrsg.), *Psychiatry: Areas of promise and advancement*. New York: Spectrum.
Kirsch, I. (1985). Response expectancy as a determinant of experience and behavior. *American Psychologist, 40*(11), 1189–1202.

Angst vor Krankheit und Tod

7.1 Eine ungewöhnliche Kontaktaufnahme

Vor einigen Jahren kontaktierte mich eine Geschäftsfrau aus dem asiatischen Raum über ihre Assistentin. Sie wollte einen persönlichen Termin mit mir vereinbaren, um eine für sie delikate Thematik mit mir zu erarbeiten. Für Coachings ist es meiner Ansicht nach eine denkbar schlechte Voraussetzung, wenn nicht zumindest ein telefonisches Gespräch stattgefunden hat, in der die Thematik besprochen wird. Dieser Aspekt des Coachings wird leider oftmals unterschätzt. Er bietet in mehrerlei Hinsicht Vorteile für die potenziellen Klienten und den Coach. Ohne Erstkontakt, wenigstens per Telefon, verpassen Klienten die Gelegenheit, dem Coach erste Fragen zu stellen und Unsicherheiten zu klären. Zudem findet während eines Telefonats ein Austausch wichtiger nonverbaler Signale statt. Nonverbale Kommunikation ist auch eine Art der Informationsvermittlung. Man schätzt, dass etwa 60 Prozent der zwischenmenschlichen Kommunikation aus nonverbalen Verhaltensweisen besteht (Gestik, Mimik, Körperbewegungen, Haltung etc.). Gesprochene Worte machen nur einen Bruchteil der gesamten Information aus. Das Lesen der Körpersprache ist ein wichtiger Bestandteil des Coachings. Das gilt ebenso für einen ersten telefonischen Kontakt. Man hört durchaus auch zwischen den Zeilen, ob man eine andere Person sympathisch findet oder nicht. Das liegt an der Art, wie jemand etwas sagt. Deshalb schätze ich es sehr, das erste Gespräch mindestens per Telefon stattfinden zu lassen oder noch besser online mit Kamera.

Frau Yen kontaktierte mich aufgrund zweier voneinander unabhängiger Empfehlungen von Geschäftsleuten, die ich unterstützt hatte. Bei der Kontaktanfrage der Assistentin beharrte ich auf ein persönliches Gespräch mit Frau Yen. Die Assistentin erläuterte mir freundlich und respektvoll, dass ihre Chefin nicht nur eine sehr erfolgreiche, sondern auch eine sehr bekannte Geschäftsfrau mit einem heiklen Thema sei. Ich machte sie darauf aufmerksam, dass ein Coaching eine äußerst persönliche Angelegenheit und ein Vorgespräch die Grundlage einer künftigen Zusammenarbeit sei. Ich bat sie, Frau Yen solle mich auf meiner direkten Nummer zu einer vereinbarten Zeit kontaktieren.

Wenige Tage später klingelte mein Telefon zur vereinbarten Zeit. Frau Yen kam, wie ich es von einer erfolgreichen Geschäftsfrau erwartete, schnell auf den Punkt. Sie sagte mit einer freundlichen Stimme in feinstem Englisch mit britischem Akzent: „Ich habe Angst vor Krankheit und Tod. Sind Sie in der Lage, mir zu helfen?" Ich hatte mit allem möglichen gerechnet, nur nicht mit dieser Thematik. Dieses Thema war neu, das hatte ich noch nie. Um ganz ehrlich zu sein, ich war äußerst überrascht, nahm aber ihr Anliegen selbstverständlich sehr ernst. Schließlich schien dies eine Thematik zu sein, die sie sehr belastete, denn sonst hätte sie sich kaum an einen Coach gewandt.

Ich sagte Frau Yen mit dem Hinweis zu, dass diese Thematik zwar neu für mich sei, die von mir im Coaching angewandten Methoden aber die gleichen blieben. Sofern aber keine diagnostizierte psychische Krankheit vorläge, gäbe es keinen Grund, der einer künftigen Zusammenarbeit entgegenstünde. Ich wies sie nochmals drauf hin, dass wir nach einem ersten Treffen und der damit verbundenen Arbeit gemeinsam über das weitere Vorgehen entscheiden würden. Denn für ein Coaching ist gegenseitige Sympathie und ein gutes Bauchgefühl von Vorteil. Frau Yen war einverstanden und erwähnte salopp in einem Nebensatz, dass sie ähnlich im Geschäftsleben verfahre. Sie würde keine Geschäftsverbindungen eingehen oder Verträge unterzeichnen, wenn ihr Bauchgefühl dagegen sei.

Nachdem sie aufgelegt hatte, fragte ich mich, wieso eine derart erfolgreiche Geschäftsfrau von 36 Jahren Angst vor Krankheit und Tod hat? Mir erschien *diese* Thematik bei *dieser* Frau auf den ersten Blick etwas eigenartig.

7.2 Die systemische Sicht der Dinge

An einem Mittwochnachmittag, wenige Wochen nach dem Telefonat, saß Frau Yen bei mir in Zürich im Coaching: Eine zierliche Person mit einem bescheidenen, prunklosen Auftreten, die trotz ihres beruflichen Erfolgs keinerlei Allüren zeigte. Sie entsprach ganz und gar nicht dem Bild, das Menschen ihres Milieus in Presse, Film oder Fernsehen zugeschrieben wird. Sie kam alleine, ganz ohne Entourage, dachte zielorientiert und verhielt sich durchwegs korrekt. In ihrer Art aufzutreten zeigte sich, dass sie eine exzellente Schulbildung (beste Universitäten in England) sowie viel Feingefühl für Gespräche und Verhandlungen hatte. Ich wertete dies auch als Zeichen des Vertrauens und des Willens, aktiv an ihrem Veränderungsprozess mitzuarbeiten.

Ich hatte mir aus beruflicher Neugierde heraus verschiedene Gründe für Frau Yens Angst vor Krankheit und Tod ausgemalt, aber es stellte sich heraus, dass keiner der Geschichte entsprach, die Frau Yen mir dann präsentierte. Sie erzählte mir, dass ihre Ängste vor Krankheit und Tod zwei Jahre zuvor zum ersten Mal aufgetreten waren, nachdem sie erfahren hatte, dass ihre wenige Jahre ältere Schwester an Bauchspeicheldrüsenkrebs erkrankt war. Was sie bis dahin verdrängt hatte: Dass ihr Vater im hohen Alter ebenfalls an einer Krebserkrankung gelitten hatte und ihr vor 15 Jahren erlegen war. Mit der Krebserkrankung ihrer älteren Schwester flammten diese Erinnerungen auf und ließen sie nicht mehr los. Sie beteuerte, sie sei kerngesund und achte sehr darauf, dass das so bleiben würde. Da sie viel arbeitete, die Verantwortung für über 60.000 Mitarbeitende sehr ernst nahm und noch sehr viel mehr bewegen wollte in ihrem Leben, ließ sie sich halbjährlich eingehend ärztlich untersuchen, ernährte sich größtenteils vegetarisch und achtete darauf, dass sie täglich mehr als acht Stunden schlief. Für eine Person in ihrer Position mit nicht unerheblichen Belastungen hatte sie bereits bemerkenswerte Strategien in ihr Leben integriert, um potenziellem Stress entgegenzuwirken. Ihren Erklärungen zufolge war sie eine durchorganisierte Persönlichkeit mit Struktur, mit vielen Plänen und langen Aufgabenlisten. Ich merkte, auch ohne ein Persönlichkeitsprofil erstellt zu haben, dass absolute Zuverlässigkeit eine ihrer Tugenden ist.

Frau Yen setzte sich gleich am Anfang des Coachings ausdrücklich zum Ziel, die Angst vor Krankheit und Tod zu beseitigen, weil die sie sowohl beruflich als auch privat massiv einschränkte. Sie wollte sich wieder so frei und unbeschwert fühlen, wie es früher einmal gewesen war, ohne die vielen Sorgen und Gedanken, wie es denn um ihre Gesundheit stünde. Sie wisse ja, dass sie gesund sei und dass sie einen gesunden Lebensstil pflege, was eine ernsthafte Erkrankung eher unwahrscheinlich mache. Trotzdem tauchten immer wieder diese Gedanken auf, grundlos offensichtlich, um ihr das Leben schwer zu machen. Sie wolle verstehen, woher diese Angst kommt, um sie zu bekämpfen.

Es kommt sehr häufig vor, dass Klienten wissen wollen, woher eine Angst kommt respektive wann sie entstanden ist. Aufgrund der Erklärungen meiner Klienten scheint das darauf zu beruhen, dass man eine Angst überwinden könne, sobald man verstanden habe, woher sie gekommen war. Diese logisch gedachte Schlussfolgerung beruht auf unserem abendländischen Weltbild. In der wird ein linear kausaler Zusammenhang zwischen Ursache und Wirkung gesehen. Er beruht auf dem philosophischen Hintergrund, dass Verstehen allein für eine tief greifende Veränderung genügen würde. Ähnliches wird oft auch in anderen Therapieformen vorausgesetzt und dabei übersehen, dass der menschliche Geist und menschliche Emotionen in der Regel nicht nach linear kausalen Regeln funktionieren.

Das will ich hier noch mit einem knapp dargestellten Beispiel illustrieren, bei dem es sich um eine Frau handelt. Es ist wichtig das zu betonen, wie wir bald sehen werden. Diese Frau, Beatrice Grünberg, stammte aus einer Familie, in der eine bestimmte Erbkrankheit von Generation zu Generation weitergegeben wurde. Daran erkranken konnten aber nur männliche Familienangehörige, die weiblichen konnten die Krankheit zwar vererben, sie brach aber bei ihnen nicht aus. Frau Grünberg wusste das, sie hatte sich ausführlich informiert und von Ärzten beraten lassen. Trotzdem fürchtete sie sich davor, selbst zu erkranken. Sie beharrte jenseits jeder Logik darauf, dass – ausnahmsweise – vielleicht doch mal eine Frau erkranken könnte, obwohl das, wissenschaftlich nachgewiesen, niemals passiert ist. Die Meinung der Ärzte, die ihr versicherten, dass so etwas in der gesamten Medizingeschichte noch nie passiert sei, ignorierte sie konsequent. Bei jeder Krankheit, selbst bei Erkältungen, suchte sie die Ursache in ihren Erbanlagen. Eines der Krankheitssymptome dieser Erbkrankheit war ein rasselnder Atem. Sie hatte das bei ihrem Vater beobachtet, bei dem die Krankheit ausgebrochen und der daran verstorben war. Bald schon begann auch sie rasselnd zu atmen. Da der Arzt aber keine Krankheit feststellen konnte, diagnostizierte er eine psychosomatische Belastung. Frau Grünberg war aber überzeugt, dass die Krankheit nun bei ihr ausgebrochen sei und niemand konnte ihr das ausreden. Erst als der Arzt ihr ein Placebo gab und behauptete, das wäre ein neues, erfolgreiches Medikament gegen ihre Erbkrankheit, verschwand der rasselnde Atem.

Mut ist der erste Schritt zur Veränderung
Ich beruhigte Frau Yen zunächst mit dem Hinweis, dass Ängste da sind, um uns vor Dummheiten zu schützen. Gleichzeitig zeigte ich großes Verständnis für ihre Beschwerden und die damit einhergehende Belastung, obwohl ich sie nicht gänzlich nachvollziehen konnte. Ich bekundete ihr meinen großen Respekt davor, dass sie zwei Jahre mit dieser Belastung gelebt hatte, nun aber den Mut aufbrachte, sich der Thematik zu stellen, um eine Veränderung herbeizuführen.

Mit der Sicherheit, dass Frau Yen sich bei mir gut aufgehoben fühlte und wir eine tragfähige und stabile Coachingallianz hatten, konnte ich einen Schritt weitergehen. Ich eröffnete ihr aus einer systemischen Perspektive, dass jede Person viele verschiedene und auch scheinbar gleichzeitig gegensätzliche Bedürfnisse hat. So könnte ich zum Beispiel nach der Arbeit Sport treiben, ich könnte etwas Gutes kochen oder mich auf der Couch entspannen. Diese drei Möglichkeiten haben alle etwas gemeinsam. Ich fragte sie, ob sie sich vorstellen könne, was dies sei. Frau Yen überlegte kurz, konnte aber keine Gemeinsamkeiten entdecken. Sport sei gesund und immer gut, die anderen zwei Möglichkeiten stünden dem nur im Wege, meinte sie. Frau Yen hatte aber übersehen, dass bei allen drei Möglichkeiten das Wohlergehen im Fokus stand. Die sportliche Variante will die Gesundheit fördern, die Nahrung zielt auf Genuss und Nährstoffzufuhr und die dritte Variante auf Erholung und Energie tanken. Aus jeder der drei Perspektiven sind zeitgleich die anderen zwei ein Hindernis. Und trotzdem repräsentiert jede Variante ein wichtiges Bedürfnis, das befriedigt werden möchte. Die gestellte Aufgabe sei daher nicht, die anderen Seiten zu bekämpfen, sondern in einer wohlwollenden Art zu einer gemeinsamen Lösung zu finden. Bildlich gesprochen hält man eine innere Konferenz mit seinen Bedürfnissen, um eine Lösung zu finden, die für alle Seiten Befriedigung bringt. In meinem Beispiel würde das bedeuten, dass nach dem Sport gekocht wird und nach dem Essen die Couch zum Zuge kommt. So wäre jedes Bedürfnis befriedigt.

7.2 Die systemische Sicht der Dinge

Ich fragte Frau Yen, ob sie sich vorstellen könne, welches von ihr nicht beachtete Bedürfnis die Angst vor Krankheit und Tod ausgelöst hat? Sie überlegte kurz, kam aber auf keine Antwort. Ihr fiel hingegen auf, dass Angst immer etwas mit einem Sicherheitsbedürfnis zu tun hat. Wer Angst vor etwas hat, vermisst irgendwo Sicherheit. Mir gefiel, wie schnell Frau Yen die Konzepte aus einer systemischen Sicht verstand, die ich ihr metaphorisch garniert präsentierte.

> **Was ist die systemische Sicht der Dinge?**
> Aus einer systemischen Sicht gehen wir von der Annahme aus, dass jedem Verhalten und jeder Emotion eine positive Grundabsicht zugrunde liegt. Auch wenn aus der Perspektive eines Betrachters keine positive Absicht ersichtlich ist, glauben wir im Coaching daran, dass eine positive Absicht besteht. Nehmen wir zum Beispiel einen jungen Familienvater mit zwei Kindern in einer glücklichen Ehe. Er steht am Anfang seiner Karriere und möchte noch einiges mehr erreichen. Er arbeitet viel, manchmal auch samstags, wenn er Überstunden macht. Dafür leistet er seiner Familie nur das Beste, inklusive dreimal Ferien im Jahr. Er hat sich ein Ziel gesteckt: ein Ferienhaus an einem schönen Ort, wo er mit der Familie Urlaub verbringt, und das nach der Pensionierung als Alterswohnsitz dienen soll. Aber dann setzen ihm die vielen Überstunden gesundheitlich zu, seine Frau beklagt sich, er würde kaum Zeit für die Kinder haben. Er wirkt wie ein Karrieremensch, dem seine Familie lange nicht so wichtig ist, wie seine Arbeit. Es steht aber auch eine positive Absicht hinter diesem Verhalten: Der Mann will seiner Familie ein möglichst angenehmes, komfortables, vielleicht sogar luxuriöses Leben ermöglichen. Seine Kinder sollen wesentlich besser leben können, als er es vielleicht in seiner Kindheit konnte. Eine wohlmeinende Absicht kann man auch hinter Wut oder Zorn entdecken. Sie könnten ein Ausdruck der Angst vor Verlust oder Verletzung sein, also eigentlich ein Verlangen nach Schutz und Sicherheit.
>
> Wenn wir also annehmen, dass hinter jedem Verhalten eine positive Absicht steckt, auch wenn wir sie nicht erkennen, entwickeln wir eine grundsätzlich andere Denkhaltung. Es mag mich beispielsweise stören, dass im Berufsverkehr jemand an der Ampel hupt, weil jemand anders nicht rechtzeitig losfährt, aber woher soll ich beurteilen, was in dieser Person gerade vor sich geht? Vielleicht ist sie gerade auf dem Weg zum wichtigsten Termin ihres Lebens oder gar auf dem Weg zu einer Hochzeit oder zur Geburt des ersten Kindes. Das wären alles verständliche Gründe. Probieren Sie es einmal aus. Fragen Sie sich, was wohl der Grund sein könne, dass einer ihrer Mitarbeiter heute keine gute Laune hat. Wenn wir das systemische Konzept auf die eigenen Emotionen und Verhaltensweisen anwenden, werden wir selbst feststellen können, dass nichts Negatives in Angst, Wut, Traurigkeit oder Verzweiflung steckt. Hinter jeder Emotion steht jeweils eine positive Absicht – und dahinter wiederum ein Bedürfnis.

Da alles, was wir mit unseren Sinnen wahrnehmen, in unserem Körper zu einer Reaktion führt, wäre das ein gut funktionierendes Feedbacksystem im weiteren Coaching, erklärte ich Frau Yen. Ich bat sie einen Satz mit dem Verb „müssen" zu formulieren, ihn zehnmal mit geschlossenen Augen im inneren Dialog zu wiederholen und dabei auf die Reaktionen in ihrem Körper zu achten. Die Körperreaktionen sollte sie mir anschließend so genau wie möglich beschreiben. Nach einer kurzen Zeitspanne öffnete sie ihre Augen und erzählte, dass sich ihr Brustkorb verengt hatte und eine Last auf ihren Schultern lag. Ich erläuterte ihr, dass unser Körper ein fantastisches Feedbacksystem ist, dass wir im laufenden Prozess nutzen können. Ihr gefiel die Übung und sie wiederholte das Experiment mit anderen Sätzen und Verben und beschrieb mir jeweils wie unterschiedlich sich das anfühlte.

Ein andermal bat ich Frau Yen die folgende Aufgabe durchzuführen: Sie solle sich an einen Moment erinnern, in dem die Angst vor Krankheit und Tod aufgestiegen war, und dann solle sie sich im inneren Dialog einmal sagen, dass eine Seite in ihr ein Bedürfnis nach Schutz habe. Dabei solle sie darauf achten, wie ihr Körpergefühl sich verändere.

Im Verlauf dieser Übung konnte ich sehr genau beobachten, wie ihr Körper aus einer entspannten in eine verspannte Haltung überging, wie sich ihre Mimik verhärtete und dann wieder entspannte. Die Erinnerung an diesen Moment der Angst, ihre inneren Bilder lösten die nahezu gleichen Körperreaktionen aus wie der Angstzustand dazumal.

Bei dieser Übung entdeckte Frau Yen, dass Coaching (gegen die Angst) gemeinsame Arbeit bedeutet und nicht einfach eine Anleitung für richtiges Verhalten ist. Sie wiederholte diese Übung noch mehrere Male mit geschlossenen Augen, um mehr Sicherheit in der Wahrnehmung der Veränderung zu erhalten.

Nachdem sie ihre Augen geöffnet hatte, beschrieb sie ein Gefühl der Gelassenheit und Entspannung – das man ihr auch ansah. Schon nach dem ersten Coaching sagte Frau Yen in einem langsamen, bedachten Tonfall, sie habe nun das Gefühl, gar nicht gegen die Angst vor Krankheit und Tod ankämpfen zu müssen. Die Angst sei zwar nach wie vor da,

7.2 Die systemische Sicht der Dinge

belaste sie jetzt aber weniger. Sie schien sehr ergriffen von dem, was in ihr vorging, nachdem sie sich selber zugestanden hatte, dass eine Seite in ihr, ein Aspekt ihrer Psyche ein Bedürfnis nach Schutz habe.

Ich ließ Frau Yen für ein paar Minuten in ihrem Reflexionsprozess, bis sie plötzlich tief ein- und ausatmete und mich dann mit klarem Blick erwartungsvoll ansah. Auf meine Frage, wie sie sich fühle, antwortete sie: „Ich merke, wie anstrengend ein Coaching sein kann – und wie befreiend." Ihr innerer Druck war einer Entspannung gewichen. Gleichzeitig war sie noch etwas erschöpft von den zwei Stunden, in denen wir gearbeitet hatten. Sie merke auch wie ihre Konzentration nachließ, was sie auf den langen Flug und den Jetlag zurückführte. Sie fragte, ob wir nicht trotzdem weiterarbeiten könnten, da sie merke, wie die Veränderung voranschreitet. Ihre leistungsorientierte Seite zeigte sich. Ich gab ihr die Frage zurück und bat sie bei der Entscheidung auf ihr Körpergefühl und auf ihre innere Stimme zu hören. Sie schloss für einen kurzen Augenblick die Augen und sagte nach ein paar Atemzügen, dass es für heute genug sei. Wir beendeten das erste Coaching, indem ich zusammenfasste, was wir thematisiert hatten, und überprüfte, was von den Abläufen in ihr den dauerhaftesten Effekt ausgelöst hatte. Sie nahm mit Freude noch zwei Aufgaben mit auf den Weg, um den Prozess aufrechtzuerhalten, und wir vereinbarten einen Folgetermin. Der konnte leider erst drei Wochen später stattfinden, da sie einen übervollen Terminkalender hatte. Ich empfahl ihr, mich in zehn Tagen telefonisch zu kontaktieren, um einen Zwischenstand zu eruieren, und bot ihr an, den Folgetermin über Videochat durchzuführen. Sie bestand jedoch darauf, wieder in die Schweiz zu fliegen, und unterstrich ihren Wunsch mit dem Satz, dass wichtige Dinge besser persönlich zu erledigen seien.

Frau Yen meldete sich pünktlich zum vereinbarten Telefonat. Sie beschrieb, dass die Aufgaben, die sie mitgenommen hatte, sehr gut funktionierten, wenn sie nicht abgelenkt sei. Sie bestätigte mir, dass die Angst vor Krankheit und Tod nun nicht mehr so häufig und weniger intensiv auftrete. Während früher die Angstepisoden vier- bis fünfmal pro Woche auftraten, wäre es in den zehn verflossenen Tagen gerade zweimal passiert. Es reichte, wenn sie sich in Angstmomenten sagt, dass das ihr Bedürfnis nach Schutz sei. Ich lud sie ein, die Übungen bis zu unserem nächsten Termin fortzuführen.

Eine Woche später meldete sich Frau Yens Assistentin und bat um eine Terminverschiebung. Ihrer Chefin ginge es viel besser und sie würde sich auf den nächsten Termin freuen. Wir vereinbarten den nächsten Termin sechs Wochen später, ohne ein weiteres Telefonat dazwischen zu terminieren.

Einen Monat später rief mich Frau Yen unvermittelt an. Sie hörte sich deutlich erfreut und fröhlich an. Sie beschrieb, dass sie in den letzten drei Wochen keine Angstzustände mehr gehabt habe. Sie sei sich inzwischen über einige Dinge klar geworden, die sie mir beim nächsten Termin genauer erklären wolle. Sie sei sich zwar sicher, gar kein weiteres Coaching mehr zu benötigen, wolle aber einen runden Abschluss und dafür nochmals in die Schweiz fliegen.

Bei unserem nächsten Termin beschrieb mir Frau Yen dann sehr detailliert, was sich für sie in dieser Zeit verändert hatte. Sie beschrieb den inneren Druck, der sich in den letzten zwei Jahren aufgebaut hatte, der unmerklich stärker geworden war und die Angst vergrößert hatte. Ihr sei inzwischen aber klar geworden, dass die Angst vor Krankheit und Tod nichts Ungewöhnliches sei, dass sie aber durch Verdrängung nur größer geworden war. Durch ihr gesundheitsbewusstes Verhalten einerseits und die Erfahrung mit ihrem kranken Vater und ihrer kranken Schwester andererseits sei diese Angst akut geworden. Leiden wie ihre Verwandten wolle sie vermeiden. Es sei ihr aber durchaus bewusst, dass sie Krankheiten weder verhindern noch dem Tod ausweichen könne. Sie könne aber versuchen sich ein Leben einzurichten, in dem Krankheit so weit als möglich verhindert und der Tod so weit wie möglich hinausgezögert wird. Und mit einem Augenzwinkern deutete sie auch an, dass es in der Schweiz interessante Organisationen gibt, die man beanspruchen könne, wenn ein Leiden unerträglich wird.

7.3 Fazit

Frau Yens Angst vor Krankheit und Tod wurde durch zwei für sie traumatisierende Erlebnisse im engeren Familienkreis ausgelöst. In den darauffolgenden zwei Jahren steigerte sie sich mit dem Versuch der Abwehr unbewusst in diese Angst hinein, bis sie unerträglich wurde. Hätte sie sich frühzeitig der Thematik gestellt und Maßnahmen ergriffen, wäre die Situation vermutlich nicht dermaßen eskaliert. Frau Yen ist diesbezüglich keine Ausnahme, die wenigsten Menschen gestehen sich früh genug ihre Angst ein und nehmen sie ernst genug, um etwas dagegen zu tun. Meiner Erfahrung nach sind zwei Jahre Leben mit einer Angst nicht besonders lange. Fünf bis zehn Jahre Leiden vor den ersten Lösungsversuchen sind keine Seltenheit. Oft ist bereits das soziale Umfeld betroffen, bevor etwas unternommen wird.

Man kann sich das etwa so vorstellen, dass eine traumatisierende Erfahrung zunächst nur eine Erfahrung ist. Die tragische emotionale Wirkung dieser Erfahrung sollte uns nicht daran hindern, frühzeitig korrigierende Maßnahmen einzuleiten, weil früher immer besser als später ist. Denn je länger die negative Erfahrung unverarbeitet bleibt, desto tiefer gräbt sie sich ein. Bei der Aufarbeitung von traumatisierenden Erlebnissen, wie dem plötzlichen Tod von Angehörigen, Suizid, Krankheit, lebensbedrohlicher Gewalt, Unfälle, empfiehlt die Wissenschaft den Einsatz von Psychologen, von geschultem Personal, um Betroffene in der Bewältigung des Erlebten zu unterstützen (Dyregrov 2001). Dabei ist immer die Sicht der Überlebenden und Betroffenen ausschlaggebend und nicht die objektive Beurteilung des traumatisierenden Ereignisses. Was für die eine Person ein Trauma sein kann, kann für eine andere lapidar und nicht erwähnenswert sein. Daher sollten nicht nur die von einem traumatisierenden Ereignis direkt Betroffenen betreut werden, sondern auch deren Angehörige (Laposa und Alden 2003). Die Devise für psychische Genesung nach traumatisierenden Ereignissen im weitesten Sinne dürfte lauten: Je früher die Betreuung beginnt, umso besser ist es für die Betroffenen. Es versteht sich von selbst, dass schwer traumatisierte Menschen in spezifisch geschulte Hände gehören.

Frau Yen hatte sehr deutlich erkannt, dass in ihr nichts war, gegen das sie kämpfen musste. Die Erkenntnis, dass jeder Aspekt ihrer Psyche ein Bedürfnis hat, war wohl der wichtigste Schritt in ihrem Coachingprozess. Die Suche nach der Ursache ihre Angst, die ja praktisch auf der Hand lag, und auch ein tieferes Erforschen der Zusammenhänge, die zu ihrer Angst geführt hatten, hätte vermutlich nur ihre Neugierde befriedigt, sie aber bei der Angstbewältigung keinen Schritt weitergebracht. Die systemische Sichtweise, dass hinter jedem Verhalten eine positive Absicht steckt, veränderte ihre Denkweise in diesem Zusammenhang komplett.

Diese Erkenntnis hatte nicht nur in der Beziehung zu sich selbst einen erheblichen Gewinn gebracht. Frau Yen konnte die im Coaching erlernten Konzepte auch in ihre Führungskompetenz integrieren. Sie hatte erkannt, dass die systemische Sichtweise, in dem Fall also das nutzenorientierte Verhalten von Menschen, auch bei der Führung eines Unternehmens eine wertvolle Sichtweise sein kann. Die Führungskultur in den Chefetagen ihrer Branche hatte sich seit geraumer Zeit gewandelt. Die Menschen wollten nicht mehr nur einfache Befehlsempfänger sein, sie wollten sich weiterentwickeln und dabei gecoacht werden. Das verlangte von den Führungskräften Kompetenzen im Bereich Coaching und Persönlichkeitsentwicklung, jenseits von reiner Auftrags- und Präsenzkontrolle.

Deshalb vereinbarten wir weitere Coachings mit einer neuen Thematik: dem Erweitern ihrer Führungskompetenzen und -qualitäten.

Literatur

Dyregrov, A. (2001). Early intervention – A family perspective. *Advances in Mind – Body Medicine, 17*, 9–17.

Laposa, J. M., & Alden, L. E. (2003). Posttraumatic stress disorder in the emergency room: Exploration of a cognitive model. *Behaviour Research and Therapy, 41*, 49–65.

Angst vor Verantwortung

8.1 Papas Liebling

Die Angst vor Verantwortung ist weitverbreitet. Selbst bei Menschen, bei denen man ein hohes Maß davon vermutet, wie bei Unternehmern, die bereits Verantwortung für viele Mitarbeitende tragen. Es geht hier aber nicht darum zu ergründen, warum das so ist, sondern um Wege aus der Angst vor Verantwortung. Dafür bietet sich die Geschichte der Frau Egli an.

Frau Egli war selbst keine Unternehmerin, sollte es aber gemäß der Familienplanung ihres Vaters werden. Die Tochter einer Unternehmerfamilie war Anfang 30, als sie zu mir ins Coaching kam, verheiratet mit einem fünf Jahre älteren Mann. Die Ehe war (noch) kinderlos. Ich sah ihr an, dass sie sich extrem unsicher fühlte, denn sie wirkte schüchtern, fast schon scheu, was ein wenig im Gegensatz zu ihrem sportlichen, sehr gepflegten, eleganten Aussehen stand. Sie achtete penibel auf ihr Erscheinungsbild, war topgestylt und geschminkt und nach der letzten Mode gekleidet.

Als sie zu erzählen begann, merkte ich sehr bald aus ihren Aussagen, dass sie wohl Papas Liebling war, der sie großzügig verwöhnt hatte. Frau Egli wuchs als Einzelkind sehr behütet auf, ihr Vater hatte ihr praktisch jeden Wunsch erfüllt und sie auf Händen getragen. Sie war rundum gefördert worden: Ballettschule, Klavier- und Geigenunterricht schon im Kindesalter, Förderung in schulischen Angelegenheiten, sodass sie immer nur Bestnoten erhielt. Man könnte ihren Vater den sogenannten Helikoptereltern[1] zuordnen, die wie ein Hubschrauber immer über den Köpfen ihrer Kinder schweben, um sie in einer überfürsorglichen Art zu überwachen und zu beschützen. Ihr Erziehungsstil ist geprägt von Überbehütung und mitunter exzessiver Einmischung in die Angelegenheiten der Heranwachsenden.

Frau Egli empfand ihre Kindheit als ganz normal, mit den üblichen Problemchen in der Schule und im Freundeskreis, nichts Gravierendes. Die erste Liebe kam und ging, nach dem Maturaabschluss folgte das Studium in Wirtschaft, Sport und Musik. Sie hatte anscheinend in allen Bereichen beste Leistungen erbracht und ihre Eltern – ganz besonders ihr Vater – waren sehr stolz auf sie. Als noch junges Mädchen wurde sie in der Verwandtschaft oft als Paradebeispiel vorgeführt. Peinliche Situationen habe es selten gegeben. Ihr Vater hätte sie angetrieben, weiterhin gute Leistungen zu erbringen, was sie aber nicht unter Druck gesetzt hätte.

Wie bereits erwähnt, sollte sie dem Wunsch ihres Vaters zufolge eines Tages sein Unternehmen führen, wenn sie – nach sieben bis zehn Jahren – reif dafür wäre. Was reif genug ist, bestimmte ihr Vater. Um sie auf die Firmenübernahme vorzubereiten, wurde sie nach Studienabschluss im Familienunternehmen durch alle wichtigen Positionen geschleust. Zwei Jahre bevor Frau Egli zu mir ins Coaching kam, wurde ihr in der Firma ein externer Berater zur Seite gestellt, der ihre Führungskompetenzen prüfen und weiterentwickeln sollte. Wie sie erläuterte, wollte ihr Vater damit sicherstellen, dass sie alle nötigen Kompetenzen erlernen würde, um die Firma führen zu können. Weil ihm bewusst war, dass er seine Tochter durch die rosarote Brille betrachtete, zog er einen externen Berater hinzu, der ihr an die Seite gestellt wurde. Das sollte Konflikte in der Übergangsphase vermeiden und seiner Tochter eine unabhängige Entwicklung in der Firma ermöglichen.

---

[1] Den Ausdruck „Helikoptereltern" haben 1990 die amerikanischen Psychiater Foster W. Cline und Jim Fay geprägt.

Spätestens hier begannen ernsthafte Konflikte. Denn Frau Egli verstand sich auf der persönlichen Ebene überhaupt nicht mit ihrem Berater. Der freundlichen, zugänglichen, herzlichen und sanften Frau widerstrebte die autoritär bestimmende Art ihres Beraters zutiefst. Trotzdem opponierte sie zunächst nicht, um den Ansprüchen der Familie, besonders jenen des Vaters, gerecht zu werden. Frau Egli hatte im Coaching mit einem Nebensatz erwähnt, dass der Berater ohne ihre Zustimmung bestimmt worden war. Er sollte im Verlauf des Coachings zum Hauptthema werden, denn dass sie ohne Mitspracherecht vor vollendete Tatsachen gestellt worden war, belastete sie zusehends, obwohl es sie anfangs nicht störte. Sie hatte ihrem Vater ganz vertraut und deshalb diese Entscheidung nicht hinterfragt.

Beim Coaching gelten gewisse Grundsätze, die vorher geklärt sein müssen. Es gilt der Grundsatz, dass der Beratungsauftrag geklärt sein muss. Ohne klare Zieldefinition kein Coaching. Zudem sollten die Rollen und Aufgaben zwischen Coach und Klienten geklärt sein. Angst vor Verantwortung kann die Begründung für ein Coaching sein, ist aber keine Zielvorgabe. Ein erfolgreiches Coaching braucht einen deutlichen und klaren Satz, der anzeigt, wohin die Reise gehen soll. Negationen sind dabei nicht hilfreich. Wenn Ihr Geschäftspartner Sie fragt, was Sie heute essen wollen, und Sie antworten: heute keine Pizza, weiß er immer noch nicht, was Sie heute essen wollen. Ein weiterer Grundsatz ist das Prinzip der Freiwilligkeit. Das gilt für beide Seiten, gleichermaßen für den Coach wie für den Coachee. Da der Berater an Frau Eglis Seite, der sie ja coachen sollte, nicht ihre Zustimmung gehabt hatte, war unterschwellig Konfliktpotenzial vorprogrammiert. Denn Frau Egli hätte annehmen können, sie werde als unfähig oder nicht gut genug beurteilt und man habe ihr deshalb einen Coach zur Seite gestellt.

Was aber war nun Frau Eglis Anliegen bei mir im Coaching? Sie sagte, sie wolle sich *neu sortieren* und lernen, bewusster mit ihren Fähigkeiten umzugehen, um die Angst vor Verantwortung loszuwerden. Aus der Sicht des Coaches schien mir das eine gute Voraussetzung für Veränderung zu sein. Denn wie in diesem Buch schon erwähnt: Lernen bedeutet immer Veränderung und Veränderung immer lernen. Weil neues Wissen und neue Erfahrungen die Sicht der Dinge, die Sicht auf die Welt verändern. Vom Zeitpunkt des Lernens an wird die Vergangenheit anders bewertet als vorher, weil das Bewusstsein sich verändert hat. Sobald sich die eigene Sicht auf die Dinge und die Welt verändert hat, verliert man sofort einen Großteil der Erinnerungsfähigkeit. Was man glaubte, bevor man seine Einstellung änderte, wird aus der Erinnerung weitgehend gelöscht (Kahnemann 2012).

Durch meine gezielt gestellten systemischen Fragen, um Frau Eglis Beobachtungshorizont, neue Perspektiven und neue Einsichten zu ergründen, wurde ihr schnell bewusst, was sie bereits erreicht hatte. Sie hat verstanden, dass sie eine durchaus eigenständige Persönlichkeit ist, die selbst zu entscheiden hat, wie ihr weiteres Leben verlaufen würde. Sie hat verstanden, dass die Erwartungen ihres Vaters sich nicht mit ihren eigenen Vorstellungen decken müssen, denn die Erwartungen anderer sind die Erwartungen anderer und mehr nicht. Sie wurde sich auch eigener Ideen und Träume bewusst, die nichts mit der Übernahme der Firma ihres Vaters zu tun hatten. Trotzdem fühlte sie sich sehr stark mit dem väterlichen Unternehmen verbunden, weil sie dieses Umfeld von klein auf kannte, die kleinen und großen Sorgen, die Niederlagen und Erfolge, die im engsten Umkreis der Familie ab und an gefeiert worden waren. Sie sah das alles zwar als behütetes, aber dennoch auch forderndes Umfeld für sie, wo noch viel persönliches Wachstumspotenzial zur Aufarbeitung bereitstand.

Nach mehreren intensiven Coachingsitzungen wurde ihr aber auch klar, dass sie nicht im Familienunternehmen Karriere machen will, so lange dieser Berater ihr vorschrieb, was sie zu tun und zu lassen habe. Damit lag der Stein des Anstoßes und die Quelle der Angst vor Verantwortung kristallklar vor uns. Es war ihre schwierige Beziehung zum externen Berater, die ihre eigene Stimmung und vermutlich die in der ganzen Abteilung negativ beeinflusste. Mit ihrem Vater darüber zu reden, hatte sie sich bis dahin nicht getraut, aus Angst ihn zu verletzen. Sie erachtete die Beziehung ihres Vaters zu seiner Firma und allem, was damit zu tun hatte, als beinahe heilig und wollte keineswegs irgendwelche Schwierigkeiten verursachen oder ihn auf irgendeine Art enttäuschen. Deshalb hatte sie den ihr unsympathischen Berater weiterhin ertragen, ohne über dieses Problem mit ihrem Vater zu reden.

Ermutigt durch die Einsichten, die sie im Coaching gewonnen hatte, stellte sie sich ihrem Vater schließlich doch im Gespräch. Frau Egli gab mir im Resümee etwa das Folgende aus dem langen Gespräch wieder: Sie formulierte klar und unmissverständlich, dass sie diesen Berater loswerden wollte, dass ihr Vater sich entscheiden müsse zwischen dem Berater und ihr als zukünftige Inhaberin. Sie würde sehr gerne weiterhin für ihren Vater in der Firma tätig sein und könnte sich auch vorstellen, die Firma eines Tages zu übernehmen. Sie fühle sich dieser Herausforderung gewachsen und wisse, dass es sicher noch einige Entwicklungsbereiche für sie geben würde. Aber nicht mit diesem Berater an ihrer Seite.

Durch ihr bestimmtes Auftreten, ihre klare Argumentation und ihre als endgültig vorgetragene Entscheidung hat ihr Vater zum ersten Mal erkannt, dass seine Tochter durchaus entscheidungsfähig ist. Er zeigte sich sehr dankbar dafür und wechselte den Berater kurzerhand gegen einen anderen aus, der ihr viel mehr Entscheidungsfreiheit gewährte und ihre Persönlichkeitsentwicklung besser förderte.

8.2 Fazit

Frau Eglis Thema *Angst vor Verantwortung* hatte mehrere Facetten. Da war die Befürchtung, nicht mehr Papas Liebling zu sein, was sich deutlich in Sätzen wie den folgenden offenbarte: *Ich will ihn nicht enttäuschen; ich will es gut für ihn machen; hoffentlich kritisiert er mich nicht dafür.* Die Grenze war aber erreicht, als ihr der externe Berater aufgehalst worden war. Der hatte keinen klaren Coachingauftrag und ohne den sind Konflikte vorprogrammiert, weil nur mit beiderseitigem Einverständnis gute Ergebnisse zu erwarten sind. Auch der Coach ist in einer solchen Situation kompromittiert, denn auch er kann, je nach Organisationsform, unfreiwillig in ein Coaching mit einem ihm unsympathischen internen Mitarbeiter gestellt werden. Frau Egli vermutete, dass mit einem anderen externen Berater niemals Probleme aufgetaucht wären. Man hätte sie einfach bei dieser Entscheidung miteinbeziehen müssen.

Bei ihrer Entscheidung, einen anderen Coach zu konsultieren, um ihre Thematik zu besprechen, waren die Voraussetzungen viel besser. Sie hatte ihn sich freiwillig gesucht, um sich neu zu sortieren und zu verändern. Sie war sich bewusst, dass sie Zeit und finanzielle Ressourcen investieren würde, und hatte sich mit diesen Erkenntnissen auf den Weg gemacht. Eine Schlüsseleinsicht war die Erkenntnis, dass ihre Angst vor Verantwortung nicht real, sondern ihrem Kopfkino geschuldet war, das vorauszusehen glaubte, was nicht vorherzusehen ist. Niemand weiß, was die Zukunft bringt. Sie hatte sich eingebildet, dass ihr Vater ihre Entscheidungen nicht schätzen würde. Daraus hat sich dann ihre Angst vor Verantwortung entwickelt.

Ich will es hier nochmals betonen: Ängste sind nicht per se schlecht, sondern, wie alle anderen Emotionen, im richtigen Kontext sinnvoll. Richtig genutzt, als Anstoß für eine persönliche Veränderung und Entwicklung, ist Angst sogar sehr nützlich, weil sie einer Stagnation der persönlichen Entwicklung entgegenwirkt.

Ein Follow-up-Gespräch mit Frau Egli fand ein Jahr nach dem letzten Coaching statt. Sie hatte bei der Suche nach einem anderen externen Berater mitentscheiden dürfen und befand sich auf einem zufriedenstellenden Weg der Firmenübernahme. Die Beziehung zu ihrem Vater hatte sich enorm verbessert, sie waren nun mehr auf Augenhöhe, wie sie sagte. Sie meinte, rückblickend könne sie gar nicht mehr so richtig nachvollziehen, wie es zu jenem Konflikt gekommen sei. Das zeigt deutlich, dass man mit einem veränderten Bewusstsein sofort einen Großteil der Fähigkeit verliert, sich an das zu erinnern, was man glaubte, bevor man seine Einstellung geändert hat.

Literatur

Kahnemann, D. (2012). *Schnelles Denken, langsames Denken*. München: Siedler.

Angst vor Verletzung und Enttäuschung

9.1 Hilfe, ich werde verlassen

„Ich kann keine richtigen Entscheidungen mehr fällen. Mir ist der Mut, Risiken einzugehen, verloren gegangen und der Mut, Menschen zu vertrauen, wenn es um Geschäftsbeziehungen geht." So startete das Coaching des erfolgreichen Unternehmers Beat Fischer. Seine Karriere war erstaunlich: Selfmademillionär, glücklich verheiratet, zwei Kinder und kerngesund. Nichts von dem, was er erreicht hatte, war ihm in die Wiege gelegt worden.

Das Wirtschaftsstudium hatte er, zum Erschrecken seiner Eltern, vor dem Bachelor abgebrochen, um sich gemeinsam mit einem Studienfreund mit einer Geschäftsidee selbstständig zu machen. Seine Eltern versuchten ihn damals verzweifelt umzustimmen, über Gespräche, Sanktionen und schließlich durch den Entzug aller finanziellen Mittel. Sie wollten ihn dazu zu bringen, sein Studium wieder aufzunehmen. Vergeblich. Die Repressionen seiner Eltern bewirkten das Gegenteil: Sie trieben ihn an, geschäftlich erfolgreich zu sein und es allen zu zeigen. Wie Herr Fischer erzählte, sei er heute seinen Eltern dankbar dafür, auch wenn er sie dazumal endlos verflucht habe. Die Beziehung zu seinen Eltern habe sich kurz nach dem geschäftlichen Erfolg, vier Jahre später, wieder normalisiert. Man könne sogar sagen, dass die Beziehung durch die Erfahrung viel besser geworden war, als während der frühen Studienjahre. Heute würde er vermutlich ähnlich handeln, falls seine Kinder sich kopf- und planlos in ein Abenteuer stürzen wollten. Schließlich hätten sie ihn vor dem Scheitern schützen wollen, das glücklicherweise nie eintraf. Kurzum, Herr Fischer war in seiner Jugend ein Draufgänger, der Risiken nicht scheute.

Woher seine aktuellen Aversionen gegen Risiken kamen, konnte Herr Fischer nicht sagen. Aber seit ein paar Jahren begleite ihn die Angst, von Geschäftspartnern oder Angestellten enttäuscht zu werden. Das behindere ihn in unzähligen Entscheidungssituationen, beteuerte er.

In seinem Unternehmen sei er Dreh- und Angelpunkt für alle großen und strategischen Projekte. Man könne sagen, dass alle Fäden bei ihm zusammenliefen. Das sei zwar ein großer Druck, aber die Kontrolle über die Abläufe und Prozesse zu haben, sei für ihn immer wichtiger geworden. Er würde dies sogar als den entscheidenden Erfolgsfaktor seines Unternehmens bezeichnen.

Sein Studienkollege, mit dem er sich selbstständig gemacht hatte, sei nach kurzer Zeit aus dem Unternehmen ausgestiegen. Dem hätten Mut und Biss gefehlt. Zeitweise hätte er geglaubt, nicht über diese Trennung hinwegzukommen, weil plötzlich alles auf seinen Schultern lastete. Er selbst hätte lange mit Zweifeln kämpfen müssen, ob der Weg in die Selbstständigkeit ohne Studienabschluss wirklich die richtige Entscheidung gewesen sei. Nun aber fürchte er Enttäuschungen und Vertrauensmissbrauch und diese Angst würde ihn blockieren.

Es gibt mehr Unternehmer mit Angst vor Enttäuschungen, als man denkt. Sie fürchten sich davor, dass Versprechen und Vereinbarungen nicht eingehalten werden und dass dadurch empfindliche Verluste entstehen könnten. Manche Führungspersonen haben Angst, Freunde, Familie und Angestellte würden das, was sie ihnen bieten, nicht honorieren. Andere befürchten, dass Freundschaften aus dem geschäftlichen Umfeld zerbrechen und sie alleingelassen werden.

Aspekte der Angst vor Enttäuschung
Wie schon in anderen Kapiteln erwähnt, ist Angst nicht per se schlecht. Angst schützt in diesem Fall vor weiteren Enttäuschungen und vor Verlassenwerden. Aber auch Angst ist eine Medaille mit zwei Seiten. Herrn Fischers Angst vor Enttäuschung ließ ihn weniger geschäftliche Risiken eingehen, um so Verlustgeschäfte zu vermeiden. Andererseits bedeutete das aber auch weniger Rendite, denn je höher das Risiko, desto höher der potenzielle Gewinn. Aus seiner Sicht funktioniere das jedoch nur, wenn er rationale und statistische Werte als Entscheidungsgrundlage nehmen würde und nicht seine aktuelle emotionale Verfassung. Eine rational denkende Person würde in ein vom Bankrott bedrohten Unternehmen nur dann Geld investieren, wenn die Gewinnaussichten ausreichend wären, wie Herr Fischer erklärte. Das aber könne er nicht mehr so gut wie früher. Mit der Frage von emotionalen Bauchentscheidungen bei strategischen Themen ist im Übrigen nicht nur Herr Fischer konfrontiert, sondern die meisten Unternehmer und Führungspersonen mit Entscheidungskompetenz.

9.2 Verhaltensänderung durch unbewusste Lerneffekte

Die erste markante Erfahrung, die Herr Fischer zum Thema Verlassen- und Enttäuschtwerden machte, war der Geschäftsausstieg seines ersten Geschäftspartners. Diese Trennung fand in einer sehr wichtigen Lebensphase statt. Der Widerstand gegen die Eltern, der Aufstand gegen Gebote, die Selbstständigkeit und die Übernahme von Verantwortung für eigene Entscheidungen und das eigene Leben: Das alles sind für viele Menschen nichtstemmbare Herausforderungen, wenn sie gleichzeitig auftreten. Offensichtlich war

9.2 Verhaltensänderung durch unbewusste Lerneffekte

das für seinen Geschäftspartner zu viel, weshalb er sich wieder zurück in seine gewohnte Umgebung (Gewohnheitszone) begab.

Herr Fischer rekrutierte in den darauffolgenden Monaten und Jahren qualifiziertes Personal aus seinem Bekannten- und ehemaligen Studentenkreis. Sein Team, oder zumindest ein Teil davon, kam aus dem Kreis seiner primären Ausbildung. Weil er die aber nie abgeschlossen hatte, fehlten ihm Kompetenzen in vielen Bereichen, die er jetzt immer dann erlernte, „wenn die Probleme an meine Tür klopften". In den Bereichen Führung und Personalwesen reicht es aber nicht, erst dann mit dem Lernen zu beginnen, wenn eine Kompetenz sofort benötigt wird.

Sich Führungskompetenzen und Leadershipfähigkeiten anzueignen funktioniert am besten in einem Umfeld, in dem man unterstützt wird, einen Mentor hat und entsprechend Feedback auf sein Handeln bekommt. Nichts von all dem war bei Herrn Fischer vorhanden. Daher ließen die nächsten Enttäuschungen nicht lange auf sich warten. Es folgten weitere Trennungen von Mitarbeitenden, die einst gute Freunde waren, beruflich jedoch nicht kompetent genug.

Neurobiologisch betrachtet, haben sich all diese Trennungen unbewusst als negative Erfahrungen in Herrn Fischers Gehirn kumuliert. Und das mit gutem Grund. In den Jahrmillionen unserer Evolution haben sich diese Prozesse entwickelt, um Überleben und Reproduktion zu sichern. Die Evolution belohnt jede Handlung, die diesen Zielen dienlich ist, mit Glücksgefühlen und bestraft mit Leid. Die Dauer eines leidvollen respektive eines glücklichen Momentes ist jedoch beschränkt. Eine positive Handlung führt nicht zu einem andauernden Glücksgefühl, sie ebbt nach kurzer Zeit ab. Darum streben wir ständig nach neuen Handlungen, die Glücksgefühle erzeugen: Wir kaufen ein neues Handy, ein neues Auto oder warten auf eine weitere Beförderung.

Das Gleiche gilt auch für leidvolle Situationen, die wir zu vermeiden suchen. Wenn aber, wie im Falle von Herrn Fischer, die Leid verursachenden Situationen sich häufen und er unbewusst dabei glaubt zu lernen, dass sein Verhalten dazu beigetragen hat, ist der Lerneffekt ein anderer. Herr Fischers Unterbewusstsein hatte resümiert, dass eine offene und risikoorientierte Haltung dazu führt, verlassen zu werden. Da Herr Fischer ein ausgeprägtes Motiv Beziehungen hat, führte dies zu Rückzug und Einmauern. In der Folge entstand eine negative Rückkopplung: Einerseits war da der tiefe Wunsch nach menschlichen Beziehungen und nach Austausch und andererseits die Angst, dass die nur zu Verletzungen und Enttäuschungen führen können.

Menschen wollen leidvolle Situationen vermeiden, das liegt in ihrer Natur. Wenn das nicht geht, orientieren unsere Synapsen sich sehr schnell neu, sie springen auf eine andere Ebene. Wenn wir die Umgebung nicht verändern oder meiden können, folgt als nächste Veränderungsebene das Verhalten.

Blitzschnell unbewusst gelernt
Wir fassen in unserem Leben nur einmal eine heiße Herdplatte an. Sobald das passiert ist, speichert unser Gehirn die Herdplatte als potenzielles Risiko und vermeidet eine Berührung damit automatisch. Das geht soweit, dass wir uns manchmal sogar weigern, eine kalte Herdplatte zu berühren, obwohl wir wissen, dass sie kalt ist.

Dasselbe Prinzip wirkte bei Herrn Fischers Thematik, wenn auch nicht ganz so schmerzhaft dramatisch wie beim Berühren einer heißen Herdplatte. Herr Fischer stellte einen guten Bekannten oder Freund in seiner Firma ein, führte ihn in den inneren und vertrauten Kreis seines Erfolges und seiner Vision. Nach weniger als vier Monaten kündigten die meisten dieser neuen Mitarbeiter, die auch Freunde waren, ihre Stelle. Jede dieser Kündigungen speicherte Herrn Fischers Gehirn als Verlassenwerden. Die Lernerfahrungen, die Herr Fischers Gehirn bei jeder dieser Trennungen gespeichert hatte, könnte man folgendermaßen beschreiben: Lass niemanden in deinen inneren Kreis, du wirst nur enttäuscht und verlassen werden. Mit jeder Kündigung wurde dadurch das Leder seines Selbstbewusstseins dünner und die Schutzmaßnahmen wurden unbewusst hochgefahren.

Wenn also das Umfeld nicht verändert oder verlassen werden kann, ist das Verhalten die nächste Ebene, die sich verändern wird. Da Herr Fischer seine Firma eigentlich nicht verlassen konnte, blieb ihm – unbewusst – keine andere Wahl, als sein Verhalten anzupassen. Bei Herrn Fischer war das ein Gefühl des Verlustes seiner Führungsfähigkeiten. Es ist wichtig zu verstehen, dass dies ein schleichender Prozess war, der sich über viele Monate hinweg ereignete. Der Mensch ist ein sehr anpassungsfähiges Wesen, das Veränderungen verkraftet. Wenn die Veränderungen schleichend und langsam vor sich gehen, entziehen sie sich aber der bewussten Wahrnehmung. Man kann das mit den immer kürzer werdenden Tagen nach der Sommersonnenwende vergleichen. Wir merken diese Veränderung oftmals erst zu dem Zeitpunkt, an dem die Abende kühler werden oder uns jemand darauf hinweist, dass es jetzt schon früher dunkel wird.

Den entscheidenden Hinweis erhielt Herr Fischer von seiner Frau. Sie hatte gemerkt, dass ihr Mann in einer schwierigen Phase steckte, konnte seine Veränderung aber nicht einordnen. Zunehmende launische Momente und Gedankenabwesenheit waren unübersehbare Zeichen. Es war für sie normal und akzeptabel, dass ihr Mann aufgrund der starken Arbeitsbelastung ab und zu geistige Abwesenheitsmomente hatte. Als aber das Ausmaß dieses Verhaltens für sie besorgniserregend wurde, wies sie ihn darauf hin, dass er nicht mehr so sei wie früher und sie sich Sorgen um ihn mache. Erst da fiel es ihm wie Schuppen von den Augen. In einem offenen und ehrlichen Gespräch unter vier Augen an einem Samstagabend sprachen sie sich aus und entschieden gemeinsam, dass externe Hilfe sinnvoll wäre, um eine längere Belastung des Familienlebens zu vermeiden.

9.3 Metapositionen

„Was würdest du jetzt an meiner Stelle tun?", fragte mich meine Großmutter, nachdem ich ihren Kuchenteig so sehr malträtiert hatte, dass die Hälfte davon nicht mehr zu gebrauchen war. Das ist eine Aufforderung, die Situation durch die Augen einer anderen Person zu begutachten. Auch wenn wir uns nie hundertprozentig in eine andere Person versetzen können, weil uns deren Lebenserfahrungen fehlen, können wir ein Stück weit nachvollziehen, was in ihr vorgeht. Durch den Perspektivenwechsel bekommen wir ein Gefühl, eine Ahnung für die Sichtweise der anderen Person. Das ermöglichen besondere Zellen in unserem Gehirn, die sogenannten Spiegelneuronen. Sie feuern, wenn man nach einem Objekt greift, aber auch wenn eine andere Person nach diesem Objekt greift. Wenn an einer Party das letzte Stück Ihres Lieblingskuchens auf dem Tisch steht und jemand anderes greift danach, feuern die gleichen Neuronen wie die, wenn sie selbst danach greifen. Sie verstehen in Sekundenbruchteilen, was das Ziel ist, warum das Ziel anvisiert wird und was die Konsequenzen sind. Kurz gesagt, sie wissen was getan wird und warum. Sie simulieren, was Sie sehen, und gleichen es mit Ihren Handlungsmöglichkeiten ab. Das ist ein genialer Trick der Natur, um die Absichten anderer abzuwägen und einschätzen zu können.

Das sind die kleinen Wunder, die uns durch den Tag begleiten. Durch sie verbinden wir uns mit anderen Menschen auf einer psychischen und sogar auf einer physischen Ebene. Das erklärt, wie wir uns in andere Menschen versetzen können, ohne es bewusst zu planen. Wir machen es ständig und selbstverständlich.

Spieglein, Spieglein an der Wand
Dieses kleine Wunderwerk der Evolution machten wir uns im Coaching von Herrn Fischer zunutze. Der Meta-Mirror, wie der Prozess im Coaching genannt wird, unterstützt die Klärung und die Veränderung problematischer Beziehungen. Robert Dilts stellte 1988 in seinem Buch *Die Veränderung von Glaubenssystemen* diesen Prozess vor, als es nur eine kleine Zahl von Methoden gab, zuverlässig Reaktionen der Angst zu überwinden und zu einer kongruenten und positiven Einstellung zu finden (Dilts 1988). Der Name Meta-Mirror besagt, dass die schwierige Kommunikation zwischen zwei Personen nur das Spiegelbild der eigenen inneren Kommunikation ist. Der Meta-Mirror eignet sich hervorragend zur Selbstreflexion und zur positiven Veränderung des inneren Dialogs, aber auch des Umgangs mit anderen Menschen, ohne dass diese anwesend sind. Auch wenn Ihr Gegenüber sich nicht ändern wird, erhalten Sie eine neue Sicht auf die Situation. Statt sich selbst zu kritisieren, werden Sie in sich kongruenter sein. Bei Herrn Fischer lief das wie folgt ab (die Dialoge sind leicht gekürzt):

1. Problemperson identifizieren: Ich forderte Herrn Fischer auf, an die Person zu denken, von der er sich enttäuscht fühlte. Ich bot ihm an, dass wir diese Übung stehend und mit genügend Platz im Raum durchführen. Wir markierten auf dem Boden eine Stelle, an der sich Herr Fischer die andere Person vorstellte (2. Position), und die Stelle, an der er selbst stand (1. Position). Herr Fischer beschrieb die andere Person, wie er sie sich vor ihm stehend vorstellte: „Er trägt dunkle Jeans, ein helles Hemd, ein hellblaues Gilet und schwarze, glänzende Lederschuhe. Seine Haare sind nach hinten gekämmt und er hat die Ärmel leicht hochgekrempelt. Er macht einen etwas niedergeschlagenen Eindruck." Nach einem kurzen Moment ergänzte er: „Das Gespräch, das mir einfällt, fand etwa sechs Wochen nach seinem Arbeitsbeginn bei uns statt."
2. Das Verhalten der anderen Person benennen: „Welches Verhalten dieser Person oder welche Charaktereigenschaft macht Ihnen Schwierigkeiten?", fragte ich Herrn Fischer, auf der 1. Position stehend, und er antwortete: „Ich komme irgendwie nicht an ihn heran. Er ist verschwiegen und in sich gekehrt. Dabei würde ich gerne wissen, weshalb er aus dem Blauen heraus kündigt. Ich habe das Gefühl, dass er mir irgendetwas nicht sagen will." Während er das sagte, fixierte sein Blick die Stelle der 2. Position am Boden.
3. Das eigene Verhalten benennen: Ich bat Herrn Fischer einen Schritt zur Seite zu gehen und sich selbst quasi von außen zu betrachten (3. Position, Beobachter). Wir markierten diese Stelle ebenfalls auf dem Boden. Ich gab ihm die Aufgabe, sein eigenes Verhalten in der Beziehung zu dieser Person zu betrachten und zu benennen. „Wenn ich uns so von außen betrachte, muss ich schon sagen, dass ich eine einschüchternde Haltung habe. Ich übe Druck aus", antwortete Herr Fischer sichtlich überrascht von seiner Erkenntnis. „Mit dem, was ich sage und wie ich mich verhalte, vermittle ich den Eindruck, dass ich ihm nicht vertraue", fügte er hinzu.
4. Systemische Zusammenhänge erkennen: Als Beobachter bat ich Herrn Fischer herauszufinden, in welchem Zusammenhang sein Verhalten mit dem Verhalten der anderen Person steht oder es sogar verstärkt: „Wären Sie nicht da, würde die andere Person ihr Verhalten beibehalten?", fragte ich Herrn Fischer. Es dauerte eine Weile, bis er die Situation begriff und Worte dafür fand: „Es hört sich vielleicht etwas abgegriffen an, aber mir fallen zwei Sachen auf. Wenn ich nicht einen solchen Druck ausüben würde, würde er sich sicher anders verhalten. Das weiß ich, weil ich ihn schon lange kenne. Er ist sonst immer der, der gute Laune versprüht und alle anderen aufbaut. Mir scheint es, als würde ich ihn einschüchtern, weil ich am längeren Hebel bin. Was mir noch auffällt, ist, dass mich diese Szene an ein Gespräch mit meinem Vater erinnert. Er hatte mir zu dem Zeitpunkt, als ich mich gegen das Studium entschieden hatte, dermaßen Druck gemacht, dass ich mich zurückzog und eine Zeit lang mit der Familie nichts mehr zu tun haben wollte."
5. Neue Verhaltensweisen ermessen: Immer noch in der Beobachterposition bat ich Herrn Fischer über weitere seiner Verhaltensweisen gegenüber der anderen Person nachzudenken: „Gibt es einen Grund für Ihr Verhalten gegenüber dieser Person? Welche anderen Möglichkeiten kommen Ihnen in den Sinn, um auf die andere Person zu

9.3 Metapositionen

reagieren?" Herr Fischer antwortete: „Ich habe zwar keine Ahnung, woher und warum ich diese Verhaltensweise an den Tag gelegt habe, aber mir ist eines klar geworden: Auch im Geschäftsleben sollte ich meine Freunde wie Freunde behandeln." Als alternative Verhaltensweise nannte Herr Fischer: „Ich werde an einer vertrauensvollen und freundschaftlicheren Zusammenarbeit mit meinen Mitarbeitern und meinen Freunden arbeiten. Und in diesem Fall könnte ich offener, freundlicher und einladender sein."

6. Das eigene Verhalten sich selbst gegenüber benennen: Ich bat Herrn Fischer einen weiteren Schritt zur Seite, in eine 4. Metaposition, um sein Verhalten sich selbst gegenüber zu beurteilen. „Treten Sie einen Schritt zur Seite und nehmen Sie wahr, wie Sie sich selbst in der Interaktion behandeln." (Pause) „Überprüfen Sie, inwieweit Ihre Reaktionen auf Sie selbst ein Spiegel für das Verhalten der anderen Person Ihnen gegenüber ist." Herr Fischer, der normalerweise einen eher gefassten Eindruck eines erfolgreichen Geschäftsmannes machte, brauchte ein paar Minuten, bis ihn dieser Moment ergriff: „Ich bin sehr verständnisvoll mir gegenüber, weil ich sehe, dass ich keine Alternative zu diesem Verhalten habe. Daher mache ich mir keinerlei Vorwürfe und hoffe, dass sich künftig eine vertrauensvolle und freundschaftlichere Zusammenarbeit erreichen kann."

7. Positionen tauschen: In diesem Schritt bat ich Herrn Fischer seine Reaktion auf sich selber (4. Position, Schritt 6) mit seiner Reaktion auf die andere Person aus der 1. Position zu vertauschen: „Überprüfen Sie, wie es ist, wenn Sie Ihre letzte Reaktion auf sich selber jetzt aus der 1. Position auf die andere Person richten. Und überprüfen Sie gleichzeitig, wie es ist, wenn Sie ihre Reaktion aus der 1. Position auf die andere Person dann von der 3. Position aus auf sich selbst richten", dabei zeigte ich auf die Positionen am Boden und richtete seine Aufmerksamkeit dahin mit der Aufforderung: „Nehmen Sie sich die nötige Zeit, die sie brauchen, um diese Erfahrung zu machen."

8. Wechsel der Positionen: „Treten Sie an die Stelle der anderen Person, auf der 2. Position. Sehen Sie sich selbst mit den Augen der anderen Person. Wie erscheint Ihnen Ihr Verhalten aus dieser Perspektive? Was wollen Sie aus dieser Perspektive von sich selbst?" Nach ein paar Augenblicken ergänzte ich: „Was brauchen oder wollen Sie aus der Sicht der anderen Person von Ihnen selbst? Was benötigen Sie?" Herr Fischer antwortete: „Ich hätte gerne ein offenes und ehrliches Gespräch über meine Entwicklungsmöglichkeiten und über die Perspektiven unserer Freundschaft. Ich würde wollen, dass die Beziehung nicht leidet, sondern wächst."

9. In die veränderte 1. Position: Ich bat Herrn Fischer wieder an die Stelle der ersten Position zurückzukehren. „Bewegen Sie sich zurück in die veränderte 1. Position mit den Verhaltensweisen der vorherigen 3. Position. Achten Sie darauf, wie sich Ihre Reaktionen und Ihre Sichtweise verändert haben." Herr Fischer benötigte etwa drei Minuten, bis er das Gesagte und Wahrgenommene verarbeitet hatte und langsam, sichtlich bewegt, zwei Schritte zurück in die erste Position tat.

10. Schritt in die Zukunft: In diesem letzten Schritt des Prozesses mit Herrn Fischer bat ich ihn an künftige und tendenziell problematische Situationen mit anderen Menschen zu denken. „Stellen Sie sich vor, wie Sie jetzt die andere Person ganz neu sehen kön-

nen. Wenn Sie möchten, können Sie Ihre Augen schließen, damit Sie sich die inneren Bilder besser vorstellen können." Dieser letzte und sehr wichtige Schritt in diesem Veränderungsprozess dauerte etwa fünf Minuten. Dann öffnete Herr Fischer die Augen und sagte mit einem Glänzen in den Augen: „Das war echt schräg! Ich habe in diesen 15 Minuten so viel über mich gelernt, dass ich gar nicht weiß, wo ich anfangen soll. Ich fühle mich leichter und weiß, dass ich einiges an Ballast hinter mir gelassen habe. Jetzt bin ich wirklich geschafft."

In der Nachbesprechung rekapitulierten wir gemeinsam den Verlauf des Coachings und Herr Fischer definierte Punkte, die er während der kommenden drei Wochen bis zum nächsten Coaching überprüfen würde. Ich halte es für wichtig, jedes Coaching mit Aufgaben zu beschließen, die der Klient selbst definiert und im Rahmen seiner Möglichkeiten umsetzen kann. Meiner Erfahrung nach halten diese Aufgaben die Veränderungsenergie länger im Bewusstsein und helfen dabei die neuen unbewussten Lernerfahrungen schneller und besser zu integrieren. Aufgaben in Verbindung mit dem Veränderungsprozess haben einen weiteren Effekt. Im Coaching, in einem vertrauten Setting, sind Veränderungen durchaus sehr schnell möglich, weil Klienten sie erleben können, wenn sie ihre recht jungen Veränderungserfahrungen aus dem Coaching im Alltag testen und ausprobieren. Dazu ermutige ich meine Klienten immer, denn es könnte passieren, dass die im Coaching initiierte Veränderung später zerredet und zerpflückt wird. Das geschieht mit einer Endlosschleife des Gedankens: *Das kann doch nicht so einfach gewesen sein mit der Veränderung.* Das geht so lange, bis die mühevoll geschaffene Veränderung im Bewusstsein gelöscht ist.

Der Meta-Mirror verschaffte Herrn Fischer neue Perspektiven. Der reflektorische Anteil, also die Wahrnehmung von Selbsterkenntnis und Umgang mit sich selbst, führte zu sichtlich tief greifenden Erkenntnissen und der Veränderung von festgefahrenen Glaubenssätzen. Es gibt unzählige Möglichkeiten, um die eigenen Glaubenssätze zu verändern. Die hier präsentierte ist eine oft erprobte und sehr wirksame Variante. Probieren Sie das selbst aus. Mit etwas Übung kann es gelingen, Ihre Beziehungen zu anderen und zu sich selbst in gewissen Situationen nachhaltig positiv zu verändern.

9.4 Fazit

Herr Fischer erkannte einerseits, dass sich aufgrund seiner Erfahrung, verlassen worden zu sein, Glaubenssätze entwickelten, die zu seiner Angst vor Enttäuschung wurden. Dies ist kein bewusster und überlegter Prozess, sondern eher so etwas wie eine automatische Korrektur- und Anpassungsmaßnahme des Gehirns auf die Erlebnisse. An sich sind die Prozesse sinn- und zweckmäßig, da gerade diese hohe Anpassungsfähigkeit an unsere Umwelt unsere Überlebensfähigkeit ausmacht. Dadurch versuchte er unbewusst, potenziell enttäuschende Situationen mit einem neuen Verhalten zu verhindern. Im Coaching erkannte er, dass die Angst vor Enttäuschung ein Schutzmechanismus war, der ihn aber nicht von künftigen Erfolgen abhalten sollte. Mit dem durchgeführten Prozess des Meta-Mirror konnte Herr Fischer sein Verhalten und dessen Auswirkungen aus verschiedenen Perspektiven reflektieren und damit letztlich sichtbar machen. Dabei ging es nicht darum, das Verhalten zu verurteilen oder in ein schlechtes Licht zu stellen. Vielmehr ging es um die Reflexion der Auswirkungen des Verhaltens, um daraus neue Handlungsmöglichkeiten zu entwickeln. Das ist unter anderem möglich, weil unser Gehirn in der Lage ist, in Sekundenbruchteilen zu erkennen, was andere Menschen vorhaben, was deren Ziel ist und wie sie sich dabei fühlen – wir haben eine Ahnung davon, was in anderen Menschen vor sich geht. Gezielt und geschickt genutzt für Veränderungsprozesse ist dies ein kleines Wunder der Natur zugunsten unserer persönlichen Entwicklung.

Jeder Mensch hat bis zu einem gewissen Grad Angst davor, verletzt oder enttäuscht zu werden. Das ist völlig normal und bedarf keiner weiteren Erklärung. Wenn sich jedoch die Erfahrungen so weit kumulieren, dass sich normale Verhaltensweisen verändern und das emotionale Gleichgewicht gestört wird, sollte man etwas dagegen unternehmen. Manchmal bekommt man auch Hinweise von Außenstehenden, die dann leider aber im Grundrauschen des Alltags untergehen. Damit dies nicht geschieht, kann man sich, in einem Unternehmen oder auch privat, Strukturen schaffen, in denen ein regelmäßiges und unverblümtes Feedback möglich oder gar eingefordert wird.

Auch einem Coach stehen in der Regel zahlreiche Methoden und Tools dafür zur Verfügung. Sie brauchen dafür nur das Vertrauen, dass er Sie bei dieser Veränderungsarbeit sinnvoll begleiten kann.

Literatur

Dilts, R. (1988). *Die Veränderung von Glaubenssystemen*. Paderborn: Junfermann.

10
Angst vor Lebendigkeit

10.1 Bindungsangst trotz großer Liebe?

Die meisten Menschen sehnen sich nach einem Partner, nach jemandem, der sie versteht und bedingungslos annimmt, wie sie sind. Es gibt aber auch viele Menschen, die gerne eine Bindung eingehen wollen, gleichzeitig jedoch Angst davor haben, sich auf eine dauerhafte Beziehung einzulassen. Die Angst vor einer Bindung kann so weit gehen, dass man sich Hilfe sucht, wie Herr Sachs das mit einer Coachinganfrage getan hat.

Herr Sachs war ein gut aussehender Mann, hochgewachsen, ein Verkäufertyp, Mitte 40, in der IT-Branche tätig. Sein sportlicher Körper steckte in einem maßgeschneiderten, dunkelblauen Anzug und in einem ebenso maßgeschneiderten, weißen Hemd. An den Füßen trug er schwarze Lederschuhe. Wie das in seiner Branche üblich ist, war er sehr erfolgsorientiert, was bereits sein selbstbewusstes Auftreten, die eloquente Sprache und die gepflegte Ausdrucksweise andeuteten.

Beruflich hatte er während der wirtschaftlich fetten Jahre des ausgehenden 20. Jahrhunderts die Gelegenheit genutzt, als Verkäufer in der Kundenbetreuung einzusteigen und da große Profite zu machen. Nichts schien ihn aufzuhalten, als zukunftsorientierter Verkäufer auf der ganzen Linie erfolgreich zu sein – auch privat. Einige Jahre ging auch alles gut, bis er merkte, dass irgendetwas in seinem Leben nicht stimmt respektive vernachlässigt ist. Um es kurz zu machen: Herr Sachs litt mehr und mehr unter einer Sinnkrise, die sich mehr und mehr als Angst vor Lebendigkeit offenbarte. Auf der Suche nach einem sinnvolleren Dasein begegnete er an einem Managementseminar für Führungskräfte einer Frau, die ihn faszinierte.

Die Sympathie war gegenseitig und zwei Jahre später ging er mit ihr eine Verlobung ein. Das war vier Jahre vor dem Coaching bei mir. „Sie ist meine Traumfrau", erzählte er begeistert. Er hätte sich immer schon eine Frau gewünscht, die so tickt wie er: sportlich, ambitioniert, zielstrebig. Diese Frau habe sehr genau gewusst, was sie vom Leben will. Und er habe sehr genau gewusst, dass er sie will. Es wäre auch an der Zeit gewesen, jemanden an seiner Seite zu haben. Sie hätten sich von da an ergänzt und unterstützt: „Es war die ideale Partnerschaft, aber selbstverständlich gab es auch bei uns nicht nur Höhen, sondern auch Tiefen, wie das eigentlich normal ist."

Vor der Entscheidung, seine Partnerin zu heiraten, schreckte er aber zurück, obwohl er überaus verliebt in sie war. Nichts ist stärker als die Liebe, sollte man meinen, aber das stimmt nicht ganz, denn es gab da etwas Stärkeres: die Angst. Herr Sachs hatte große Bindungsangst, er wollte sein Junggesellendasein nicht aufgeben, er konnte den Schritt zur Ehe und zur Gründung einer Familie nicht vollziehen. Er beteuerte, dass die Verlobung in seinem Verständnis noch nicht der große Schritt hin zur Verbindlichkeit einer Ehe gewesen sei. Beziehungen an sich waren für ihn nichts Neues, er war praktisch immer in einer Beziehung gewesen, aber noch nie war es so ernst wie jetzt, noch niemals zuvor hatte er sich für oder gegen eine Ehe entscheiden müssen. So nah dran an diesem Thema, sei er noch nie gewesen. Zweimal sei das Thema Ehe in vorhergehenden Beziehungen zwar kurz angesprochen worden, aber da hätte er sofort das Weite gesucht. Beide Male sei er gefühlsmäßig weit von den Gefühlen entfernt gewesen, die er nun für seine Partnerin empfand. Für ihn erschwerend kam noch der Kinderwunsch seiner Partnerin hinzu. Sie fühlte sich reif dafür, er nicht. Er war sich nicht einmal sicher, ob er überhaupt jemals Kinder wollte, er konnte sich eine kinderlose Ehe vorstellen.

Erinnern Sie sich an die Thematik der Persönlichkeitsprofile, die wir in anderen Kapiteln bereits gestreift haben? Ein Item ist das der Familie. Jemand, der im Motiv Familie

10.1 Bindungsangst trotz großer Liebe?

eine starke Ausprägung hat, wird sich in der Regel von einem starken Kinderwunsch leiten lassen. Das Profil von Herrn Sachs zeigte aber eine ausgesprochene Abneigung beim Thema Kinderwunsch, was auch in seinen Aussagen ganz deutlich wurde. Kinder zu bekommen, gehörte nicht zu seinen angestrebten Lebenszielen.

Die Gefühle für seine Partnerin waren – abgesehen von den Liebesgefühlen – ambivalent. Sie hielt ihn zur Ordnung an und gab ihm Strukturen, die er zuvor nicht kannte. Das gab ihm zwar Sicherheit, schürte aber gleichzeitig gewaltige Angst, denn es war neu und unbekannt. Auch die Vorstellung, sich vom Junggesellendasein zu verabschieden, machte ihm Angst, andererseits gab ihm diese Beziehung Stabilität, weil er sich nicht mehr wie ein Blatt im Wind fühlen musste. Die Angst vor dem Schritt in die neue und voraussichtlich definitive Lebensphase Ehe war groß. Es war wohl ein Anflug von Neophobie, eine Angst vor dem Neuen, dem Unbekannten und Unvorhersehbaren. Vermutlich hatte er auch Angst davor, dass die unglücklichen Ehegeschichten anderer verheirateter Paare auch einen Weg in sein Leben finden könnten.

Das waren die Voraussetzungen, mit denen Herr Sachs zu mir ins Coaching kam, um seine Bindungsangst zu ergründen und bestenfalls auch zu überwinden. Zunächst wurde sich Sachs im Coaching seiner unstrukturierten, von Zufällen bestimmten Lebensweise bewusst. Er hatte nie eine Karriere angestrebt, sie hatte sich zufällig ergeben. Auch seine Beziehungen beruhten auf einer Aneinanderreihung von Zufällen. Dementsprechend war die Qualität dieser Beziehungen dem Zufall anheimgegeben, sie waren mal schlecht und manchmal auch recht. Zukunftsplanung war für ihn bis dahin ein Fremdwort, sie gehörte nicht zu seinem Denken, weder beruflich noch privat. Mit anderen Worten: Herr Sachs lebte so vor sich hin, gelenkt vom Zufall und von Lust und Launen. Trotzdem waren sein Leben und seine Karriere recht erfolgreich, er war keineswegs jemand, der ambitionslos in den Tag hinein lebt. Man könnte sagen, er war eines dieser Glückskinder, die das Leben leichtnehmen und denen (vielleicht gerade deshalb) vieles in den Schoß fällt. Nun aber entdeckte Herr Sachs im Coaching sein Persönlichkeitsprofil, das auf eine hohe Ausprägung in Ordnung deutete, und er gestand sich ein, dass Strukturen sehr wichtig für ihn seien, dass er aber seinem Leben zuvor nie irgendeine Struktur gegeben hatte.

Menschen mit einem ausgeprägten Motiv Ordnung brauchen üblicherweise Strukturen. Es schien so, als würde Herr Sachs dieses Motiv nicht ausleben, was ihn aber dennoch nicht unzufrieden machte. Es lag also nahe, dass er dies auf einem anderen Weg kompensieren würde. Daher stand also einiges an Veränderungsarbeit an. Das erste und das zweite Coaching standen unter dem Motto Rituale. Wir analysierten seinen Alltag: Wie startet er in den Tag, wie plant er ihn, wie organisiert er und wie beendet er seine Tage. Das half ihm, wie er mir später bestätigte, sich stabiler und sicherer zu fühlen.

Es war an dieser Stelle unerheblich herauszufinden, weshalb das Motiv Ordnung in der Vergangenheit nicht ausgeprägt gelebt worden war. Da er nun das Motiv bewusster in sein Leben integrierte, entstand so etwas wie eine positive Wachstumsdynamik. Er fühlte sich stabiler und motivierter, während er den Coachingprozess aktiv anging und zielstrebig vorantrieb.

In den nächsten drei Coachings erarbeiteten wir persönliche Entwicklungsziele. Es ging um Dinge, die er bis dahin nie im Fokus gehab hatte, wie etwa Sport. Herr Sachs war zwar ein leidenschaftlicher Outdoorsportler, betrieb ihn aber mit kaum strukturierten Abläufen, obwohl das für ihn eigentlich wichtig gewesen wäre, wie er selbst erkannte. Nun wollte er das ausleben, indem er drei- bis viermal pro Woche zum Joggen ging. Sein Interesse galt immer schon gutem Essen, gesundes Essen war aber nie ein Thema gewesen. Nun nahm er sich vor, auch darauf zu achten. Was ihn im Bereich Hobbys besonders faszinierte, war der Segelsport, dem er sich vermehrt widmete. Und er entdeckte seine Liebe zur Musik neu. Schon mit sechzehn Jahren hatte er begonnen Gitarre zu spielen, übte aber ohne Konstanz. Denn auch in diesem Bereich hatte er nach dem Prinzip der Lust und Laune gelebt. Wenn ihm danach war, griff er zur Gitarre, wenn nicht, schaute er sie wochenlang nicht an. Nun aber beschloss er Gitarrenunterricht zu nehmen, was die Möglichkeit einer konstanten musikalischen Entwicklung begünstigte.

Nach jeder Coachingsitzung integrierten wir die erarbeiteten Themen und Ziele mittels Hypnose, die, wie hier schon öfters beschrieben, ein Zustand nach innen fokussierter Aufmerksamkeit ist, ähnlich einem Zustand intensiver und lebhafter Tagträume. Das ermöglicht eine tiefere Verankerung der neuen Ziele auf einer erlebbaren Ebene.

Nach etwa einem halben Jahr intensiver Coachingarbeit erhielt ich Herr Sachs' Feedback in einem Follow-up-Gespräch. Er erzählte, dass er seine Bindungsangst überwunden und seine Partnerin geheiratet habe – er fühle sich lebendiger denn je. Die Hochzeit hatte im engeren Kreis beider Familien stattgefunden. Seine Eltern, ganz besonders seine Mutter, seien sehr glücklich gewesen, dass er endlich einen sicheren Ehehafen gefunden hatte. Meiner Erfahrung nach wünschen sich Mütter oft, dass ihre Söhne in der Beziehung gut aufgehoben sind. In manchen Fällen werden Söhne erst mit der Ehe zu erwachsenen Männern und erst dann sind ihre Mütter in der Lage, sie erwachsen werden zu lassen. Wie auch immer, Herr Sachs' Angst vor Lebendigkeit war verschwunden. Herr Sachs hatte endlich erkannt, dass seine Partnerin, die nun seine Ehefrau war, sein Leben stabilisiert hat. Sie war der noch fehlende Puzzlestein in seinem Leben gewesen, was er aber erst während des Coachings erkennen konnte.

10.2 Fazit

Angst vor Lebendigkeit ist hier im Grunde genommen Bindungsangst. Denn Lebendigkeit offenbart sich in Beziehung, in der Interaktion zwischen Menschen, in Verbindlichkeit und Vertrauen und Akzeptanz. Herr Sachs fühlte sich bei seiner Partnerin angenommen, akzeptiert und deshalb angekommen. Aber ankommen ist das eine, bleiben etwas anderes. Denn bleiben, sich binden, Verbindlichkeit, das alles machte Herr Sachs auch eine Heidenangst. Unbekanntes macht zunächst Angst, man bewegt sich auf neuem Terrain, macht neue Erfahrungen und fürchtet sich nicht nur vor der Verbindlichkeit einer Ehe, sondern auch vor dem Scheitern.

Herr Sachs' Verhalten zeigte aber auch eine Besonderheit: Er lebte aus unerfindlichen Gründen eines seiner wichtigsten Motive nicht, nämlich das Motiv Ordnung. Ordnung war ein Bedürfnis, wenn man so will, das er nicht in sein Leben integriert hatte, obwohl seine Persönlichkeitsstruktur es erfordert hätte. Mit mehr Struktur im Leben würde er sich selbst besser kennenlernen. Deshalb setzten wir im Coaching bei der Struktur an. „Rituale" war hier das Stichwort, denn sie helfen, zur nötigen Selbsterkenntnis zu gelangen.

Herr Sachs Leben verlief bis dahin recht ziellos, dennoch hatte er Ideen und Visionen, die er umsetzen wollte. Beruflich hatte er viel erreicht, aber erst neue Ziele, jenseits der beruflichen Karriere, brachten auch neue Inhalte in sein Leben.

Die eingesetzte Hypnose im Coaching half ihm neue Denkweisen, neue Lebenskonzepte, neue Strukturen schneller und tiefer zu integrieren. Je mehr er sich selbst erkannte, je mehr er die nötigen Motive in sein Leben integrierte, umso schneller löste sich seine Bindungsangst und damit die Angst vor Lebendigkeit auf.

Das Beispiel von Herrn Sachs zeigt sehr schön, dass die Bindungsangst auf der Ebene der Lebendigkeit gelöst werden konnte. Emotionen folgen nicht der Logik einer mathematischen Gleichung oder linear kausalen Denkkonzepten. Es ist eher ein kompliziertes Geflecht, das uns mit uns selbst und anderen wie ein unsichtbares Netz verbindet.

Angst vor dem falschen Zeitpunkt 11

11.1 Eine Frage der Interaktion

Es ist eine Erfahrung, die ich in zahlreichen Coachings gemacht habe: Die Angst vor dem falschen Zeitpunkt verleitet viele Menschen zu falschen Entscheidungen, privat wie geschäftlich. Diese Angst hat viele Facetten, wie Angst vor Verantwortung, vor Verletzung, vor Entscheidungen oder vor Veränderung. Doch die Angst vor dem falschen Zeitpunkt beruht auf einem Trugschluss. Ich werde in diesem Kapitel darlegen, warum das so ist und wie Sie dem entkommen können.

Viele Menschen fragen sich, wann der richtige Zeitpunkt zum Handeln sei. Diese Frage ist mal mehr und mal weniger einfach zu beantworten. Wenn aber menschliche Interaktion, also das Miteinander, im Vordergrund steht, ist sie schwieriger zu klären. Menschen beurteilen Ereignisse immer aus einem persönlichen Blickwinkel. Zudem kann nur vorwärts eingeschätzt und rückblickend beurteilt werden, ob ein Zeitpunkt für eine Entscheidung richtig war oder nicht.

Eine Unterscheidung zwischen privaten und geschäftlichen Beziehungen wäre für den weiteren Verlauf dieses Kapitels nicht sinnvoll – insbesondere bezogen auf die Thematik, die wir hier behandeln. Ob Sie Zeit mit Ihrer Familie und Ihren Liebsten verbringen oder Mitarbeitende führen und für sie respektive mit ihnen Entscheidungen treffen, ändert nichts daran, dass Sie immer derselbe Mensch sind. Auch wenn Sie verschiedene Seiten von sich zeigen, etwa eine zugänglichere Seite mit Ihrem Lebenspartner, sind das im Grunde nur Facetten Ihrer Person. Eventuell pflegen Sie auch eine professionelle Distanz in Ihrem beruflichen Umfeld, dennoch können auch da tiefe Freundschaften entstehen.

Lesen Sie in den folgenden Abschnitten, warum die Angst vor dem falschen Zeitpunkt zwischenmenschliche Beziehungen am direktesten und häufigsten trifft.

11.2 Beziehungen klären

Es ist wenig überraschend, dass gerade die Angst vor dem falschen Zeitpunkt auf der zwischenmenschlichen Ebene sehr hoch ist. Dabei stellen sich Menschen schicksalhafte Fragen über den richtigen Zeitpunkt: Wann ist der richtige Moment für den Heiratsantrag, wann fürs Kinderkriegen, für die Beendigung einer Beziehung oder die Kündigung einer Anstellung? Letztlich ist jedes dieser Themen ein Beziehungsthema, es geht immer um die Klärung einer Beziehung. In diesem Bereich sind die Angst vor Veränderungen und die Angst vor Entscheidungen sinnvolle Reaktionen, die vor Instrumentalisierung schützen. Kaum jemand mag Menschen, die leichtfertig mit anderen umgehen. Es ist menschlich, normal und oft auch sinnvoll, Ängste zu haben, weil sie eine Schutzfunktion ausüben. Erst lähmende Ängste werden zu einem Hindernis, das quasi umgangen werden muss.

Der Weg aus der Angst vor dem falschen Zeitpunkt ist absolute Ehrlichkeit. Wenn alle Masken fallen, vorgespieltes Verhalten und falsche Scham abgelegt werden, öffnet sich der Weg der Veränderung. Denn was Menschen Angst macht, hat nichts mit dem momentan Erlebten zu tun. Überspitzt formuliert könnte man sagen, dass Angst letztlich der Missbrauch von Vorstellungskraft ist. Was sich zunächst einfach anhört, ist es aber selten. Es ist entscheidend zu verstehen, dass Ängste im Grunde genommen Schatten der Vergangenheit sind. Da Menschen nicht wirklich wissen können, was die Zukunft bringt, ist Angst eine grenzenlose, unkontrollierte Fantasie, die auf unseren Erwartungen basiert. Wir stellen uns vor, was alles passieren könnte, und das macht uns Angst. Dabei können wir gar nicht wissen, was tatsächlich passieren wird. Angst entsteht also nicht aufgrund von echten Tatsachen, sondern von imaginierten Tatsachen. Menschen machen sich Angst, wenn sie ihr Kopfkino nicht im Griff haben. Viele haben es dabei auf ein meisterhaftes Niveau gebracht. Herr Meier, einer meiner Klienten, stellte sich vor, es würde ihn seinen Job kosten, wenn er seinem Chef gegenüber zuzugeben würde, dass er mit dem aktuellen Projekt zeitlich überfordert sei. Seine Vorstellungskraft reichte aber noch viel weiter. In seinem Kopfkino lief ein erbarmungsloser Film ab, in dem alle Konsequenzen einer vermeintlichen Kündigung vorkamen: Langzeitarbeitslosigkeit, seine Frau verlässt mitsamt den Kindern das Haus, das er nicht mehr bezahlen kann, er landet auf der Straße. Für Herrn Meier war das ein durchaus realistisches Szenario, obwohl alles nur in seiner Vorstellung stattfand. Allerdings lief dieser Film über Wochen vor seinem geistigen Auge ab, ähnlich einem Horrorstreifen, den man in einem Panoramakino mit seinen Freunden anschaut. Nur dass das Kopfkino reale Auswirkungen hatte, von schlaflosen Nächten über Magenbrennen zu Augenrändern und anderen sichtbaren körperlichen Stressreaktionen.

Auf den Spuren der Ursache für diese Angst, landeten wir im Coaching bei Herrn Meiers vorhergehender Stelle, wo der Geschäftsleiter äußerst rüpelhaft mit dem Personal umging und schnell Kündigungen aussprach. Diese Erfahrung hatte sich über die Jahre tief in Herrn Meiers Unterbewusstsein eingebrannt und zu einem Vermeidungsverhalten verbunden mit Stress geführt.

Die Blockade konnte im Coaching erfolgreich und ohne größere Anstrengungen gelöst werden und Herr Meier fasste wieder Mut. Er beschloss seinen Vorgesetzten ehrlich anzusprechen und ihm die Situation zu erläutern. Es stellte sich heraus, dass dieser weitaus verständnisvoller war als sein früherer Vorgesetzter. Er war sogar beeindruckt von Herrn Meiers offener und ehrlicher Art, die er bis dahin bei keinem seiner Untergebenen so erlebt hatte.

Ängste sind also letztlich nur die Schatten der Vergangenheit, die Schatten unserer Erfahrungen. Die Zukunft liegt im Dunkeln, wir wissen nicht, was sie bringt. Dazwischen liegt Angst wie eine grenzenlose, unkontrollierte Fantasie, wie das Beispiel von Herrn Meier deutlich gezeigt hat.

Wahrheit wirkt befreiend
Die Wahrheit sagen – direkt, freundlich und unverblümt – sich selbst, anderen und besonders einem nahestehenden Menschen, ist entscheidend für eine nachhaltige und stabile Beziehung. Wahrheit ist eine Metapher für Erfolg, Zufriedenheit, Gewissenhaftigkeit und emotionale Stabilität.

In praktisch jedem Coaching gebe ich Klienten bewährte Literaturtipps. Das verschafft ihnen Einblicke in die Bewältigungsstrategien anderer Menschen, welche ebenfalls mit schwierigen Lebenssituationen zurechtkommen mussten, und es macht auch den durchlaufenen Lernprozess deutlich.

Eine dieser Literaturempfehlungen heißt: *Radikale Ehrlichkeit*. Der Autor, Dr. Brad Blanton, beschreibt darin ein vielfach erprobtes Konzept, das in einer Gesellschaft wachsender Oberflächlichkeit wieder mehr menschliche Tiefe ermöglicht. Es ist das Konzept der Ehrlichkeit, denn: „Wir lügen wie verrückt und diese Lügen zehren uns aus … Es ist die Hauptursache allen menschlichen Stresses und bringt uns um", so der Autor. Wir belügen täglich unsere Freunde, Ehepartner, Vorgesetzten und Kinder. Das Werkzeug für eine Flucht aus dem Lügenkonstrukt ist, sich und anderen unmissverständlich zu sagen, was wir fühlen, denken und tun (Blanton 2015).

Manchmal stehen meine Klienten etwas ratlos vor der Idee, sich selbst und den ihnen wichtigen Menschen gegenüber ab sofort absolut ehrlich zu sein. Das liegt daran, dass praktisch jeder Mensch gewohnheitsmäßig, aus Angst vor Konsequenzen, nicht die Wahrheit oder zumindest nicht die ganze Wahrheit sagt. Über die Jahre summiert sich das zu einem schier unüberschaubaren Berg.

Interessanterweise gibt es einen Zweig in der Forschung, der die Nützlichkeit von Lügen zu beweisen versucht. Man unterscheidet in dem Bereich von höflichen, respektive „weißen" Lügen, die als prosozial und akzeptiert gesehen werden. Dabei will man in der Regel sein gegenüber Schonen und ihm Unangenehmes ersparen. Das würde eine Beziehung eher stabilisieren, so die These. Andererseits gibt es da eben noch die egoistischen Lügen, die auf Kosten anderer gehen, um profitieren zu können, was das soziale Gefüge und die Beziehungen stört (Iñiguez et al. 2014). Ich finde: Beide bleiben Lügen. Können wir entscheiden, ob die Wahrheit für unser Gegenüber unangenehm oder gar unerträglich wäre? Vielleicht wird die Wahrheit ja ganz anders aufgenommen, als wir uns das vorstellen. Können wir einfach antizipieren, wie Wahrheit auf andere wirken wird?

Bei der Wahrheit bleiben scheint mir immer noch am besten zu sein – wenngleich es gar nicht so einfach ist, sie auch immer zu sagen. Machen Sie die Probe aufs Exempel. Fragen Sie eine Person, die Ihnen nahesteht, was sie an sich selbst nicht mag. Die wenigsten werden gleich mit der Wahrheit ans Licht kommen und Ihnen sagen, dass sie ihre dicken Waden oder ihren zu runden Bauch nicht an sich mögen. Oder fragen Sie sich selbst, was Sie an sich stört. Und fragen Sie sich auch, was Sie zu verlieren hätten, wenn jemand wüsste, was Sie an sich selber stört. Die Wahrheit zu sagen ist gar nicht so einfach und fängt im Kleinen an.

Der Gedanke, dass andere Menschen, auch jene, die einem nahestehen, meine privaten Gedanken kennen, entlastet meinen Geist. Diese Erkenntnis findet man in vielen spirituellen und philosophischen Quellen unserer und anderer Kulturen: Die Wahrheit macht frei.

> Im Gespräch allein springt der Funke der Wahrheit unversehens in die Seele (Platon, 428–348 v.Chr.).

Ob Sie sich diesem Konzept in kleinen Schritten oder in radikaler Konsequenz nähern möchten, ist zunächst nicht entscheidend. Es geht erst einmal darum, zu verstehen, dass das ehrliche Aussprechen einer Emotion oder eines Gedankens von Druck und Last befreit. Schluckt man hingegen Gedanken und Emotionen oder lügt man eine nahestehende Person an, entstehen Stress, Angst und Unbehagen. Menschen, die diesem Konzept folgen, merken, dass die Angst vor dem falschen Zeitpunkt im Prinzip eine Selbstlüge ist. Es gibt keine Angst vor dem falschen Zeitpunkt. Es gibt nur eine Angst vor der Idee, was der falsche Zeitpunkt sein könnte.

Für jemanden in einer Führungsposition haben Ehrlichkeit und Integrität eine besondere Bedeutung. Denn wenn diese Qualitäten untergraben werden, ist Führung im besten Fall eine Vergabe von Aufgaben an Untergebene und Angestellte. Daraus folgt, dass Integrität als Korrespondenz zwischen Worten und Taten betrachtet wird. Ehrlichkeit erklärt sich von selbst, sie bedeutet nicht betrügerisch zu sein. Ehrlichkeit kombiniert mit Integrität ist Grundlage für eine vertrauensvolle Beziehung zwischen Führenden und Geführten (Kirkpatrick und Locke 1991).

Resümee

Wir können festhalten, dass Angst, differenziert betrachtet, eine Auswirkung unseres Kopfkinos ist, die nichts mit der objektiven Realität zu tun hat. Diese Eigenschaft teilt die Angst vor dem falschen Zeitpunkt mit allen anderen hier beschriebenen Ängsten. Es ist eine Erkenntnis, die uns zeigt, dass die Angst vor dem falschen Zeitpunkt in zwischenmenschlichen Beziehungen praktisch inexistent wird, wenn wir ehrlicher mit uns selber und mit anderen interagieren. Machen Sie sich bewusst: Je ehrlicher Sie mit anderen Menschen sind, besonders mit den Ihnen nahestehenden, umso authentischer sind Sie.

11.3 Die richtige Haltung

Viele Menschen sind auf Erfolg getrimmt. Fast schon so sehr, dass annähernd alles im Leben in Erfolg oder Niederlage, gut oder schlecht kategorisiert wird. Allein schon der Gedanke, dass etwas falsch oder im falschen Moment sein könnte, löst bei vielen Menschen Bluthochdruck und Herzrasen aus.

Hoher Druck, unrealistische Erwartungshaltungen und irrationales Wunschdenken führen zur Angst vor dem falschen Zeitpunkt und damit zu schlechteren Entscheidungen. Menschen, die mit dieser inneren Haltung abwarten, entfernen sich noch weiter von ihrem optimalen Potenzial.

Der steigende, sich selbst gemachte Druck durch nicht ausgesprochene Emotionen belastet. Es entstehen Stress, Angst und Unbehagen, nicht konstant, jedoch immer wieder. Solche Emotionen spielen der Angst vor dem falschen Zeitpunkt in die Karten.

Die Angst ist kein Feind

Um die Angst vor dem falschen Zeitpunkt zu besiegen, muss man sich einiger Faktoren bewusst werden. Angst hat, evolutionär betrachtet, eine positive Funktion, denn sie schützt vor Gefahren. Seien Sie sich bewusst, dass Sie ohne Angst nicht überlebensfähig sind. Angst wird erst dann problematisch, wenn sie zu einer Konstante in Ihrem Leben wird oder Sie so sehr lähmt, dass Sie erstarren. Selbst dann aber müsste überprüft werden, ob die Erstarrung nicht einem sinnvollen Zweck dient. Lebewesen brauchen den aus Angst entstehenden Stress, um sich, evolutionär gesehen, weiter zu entwickeln. Last, but not least lässt sich aufsteigende Angst in den wenigsten Fällen kontrollieren. Wäre dies sinnvoll, hätte die Natur es mit höchster Wahrscheinlichkeit vorgesehen.

Angst ist nützlich. Es ist sinnlos, gegen sie zu kämpfen, denn man kann sie in der Regel nicht besiegen. Man sollte sich vielmehr die Angst zum Freund machen, will man die richtige Haltung erreichen. Denn erst mit der richtigen Haltung kann die Angst vor dem falschen Zeitpunkt reduziert werden.

> Nicht das Problem ist das Problem, sondern die Haltung, mit der Menschen Probleme angehen (Zitat: Unbekannt).

Aktives State-Management

Wenn Sie sich Ihrer Bestleistung nähern wollen, werden Sie künftig aktiv „inneres State-Management" betreiben. Der Begriff State-Management kommt aus dem Englischen und beschreibt die innere geistige und emotionale Haltung. Der State, der innere Zustand, entsteht scheinbar zufällig durch die Anforderungen und Erlebnisse des täglichen Lebens. Wenn Sie zum Beispiel Ihre nächsten Ferien planen, werden Sie vermutlich mit Neugierde und Vorfreude planen und sich darauf freuen. Beim Bescheid für die nächste Steuererklärung sieht es womöglich anders aus, da sind Sie vermutlich eher angespannt. Ihr State, man könnte ihn auch Gemütszustand nennen, ist also etwas, das in der Regel dem Erlebten und Erwartungen folgt. Wer aktives State-Management betreibt, übernimmt die Kontrolle über die Vorgänge in seinem Gehirn und verändert damit die Abläufe des Denkens, Handelns und Fühlens in eine gewünschte Richtung und entscheidet selbst, welcher State der passende ist.

Was wäre ein besserer State?

Mit aktivem State-Management drehen Sie den Prozess neurologischer Prozesse um. Sie fragen sich im ersten Schritt: Welche innere geistige und emotionale Haltung ist sinnvoller als die Angst vor dem falschen Zeitpunkt? Nehmen wir zum Beispiel an, dass Sie dabei auf Neugierde kommen. Neugierde steht in Opposition zur Angst. Sie könnten zum Beispiel neugierig sein, welche neuen Erfahrungen Sie nach der Umsetzung einer Entscheidung oder nach einem Gespräch machen werden, denn neue Erfahrungen machen Sie ohnehin tagtäglich. Stellen Sie sich vor, Sie laufen abends in der Dämmerung an einem Gebüsch vorbei. Es raschelt darin, aber Sie können nicht sehen, was das Rascheln verursacht. Ihr Gehirn reagiert automatisch nach dem Muster: Will es mich fressen (Angst, Gefahr) und kann ich es fressen (Neugierde)? Sie könnten auch auf eine andere Emotion wie Mut, Spaß oder Ernsthaftigkeit kommen. Egal was Ihnen als Erstes in den Sinn kommt, es ist eine gute Wahl, um den Prozess aktiv zu verändern. Letztlich entdecken Sie, dass das Rascheln von einem Igel stammt, der im Gebüsch nach Essbarem sucht.

Einen State auf Abruf nutzbar machen
Den folgenden Ablauf nutze ich in Coachings mit Spitzensportlern zur Vorbereitung auf die Europameisterschaft, mit Schülern, die sich auf eine Prüfung vorbereiten, und mit Managern, die vor einer wichtigen Verhandlung einen klaren Kopf brauchen. Damit wird das Gehirn sozusagen programmiert, auf Knopfdruck Emotionen abzurufen. Wir erschaffen eine neurologische Reiz-Reaktion-Verbindung, die man anschließend direkt anwenden kann.

Beobachten Sie doch einmal Sportler, kurz bevor sie bei einem Wettkampf in Aktion treten. Die meisten werden eine ritualisierte Gestik ausführen, mit der sie sich in den richtigen State versetzen. Es ist eine Technik, mit der ich exzellente Resultate bei Spitzensportlern in der Wettkampfvorbereitung erreiche. Versuchen Sie es selbst:

1. Erinnern Sie sich sitzend und mit geschlossenen Augen an drei Situationen, in denen Sie den gewünschten State intensiv erlebt haben, und entscheiden Sie sich dann für die intensivste davon.
2. Entscheiden Sie sich für eine passende Geste, wie mit einer Faust in die offene Hand oder mit einer flachen Hand auf einen Oberschenkel schlagen oder was Ihnen gerade in den Sinn kommt. Wir verbinden damit Geste und State.
3. Stellen Sie sich vor, Sie sehen sich in einem Film in der Situation aus Punkt 1. Malen Sie sich den Film so bunt wie möglich aus. Wichtig: Sie schauen sich wie einem Schauspieler in dem Film von außen zu. Optimieren Sie den Film ein paar Minuten mit Ihnen in der Hauptrolle.
4. Stellen Sie sich vor, wie Sie in die Leinwand springen, und führen Sie kurz und gleichzeitig die Geste aus Punkt 2 aus. Anschließend stehen Sie auf und lockern den Körper.
5. Setzen Sie sich wieder hin und testen Sie den State, indem Sie Ihre Geste zunächst mit geschlossenen Augen ausführen. Konzentrieren Sie sich auf Ihre innere Wahrnehmung und was Sie im Körper spüren.
6. Wenn alles geklappt hat, haben Sie sich die Emotion geankert. Sie können die Geste jederzeit ausführen und sich in den gewünschten State versetzen. Meinen Klienten rate ich, diese Übung einmal pro Tag und ohne Grund zu trainieren. So festigt sie sich und Sie sind dadurch sicherer.
7. Die Technik geht auf die Entdeckungen des Wissenschaftlers Iwan Petrowitsch Pawlow zurück, der 1904 für seine Entdeckungen den Nobelpreis erhielt. Er belegte damit, dass ein beliebiger Reiz an eine gewünschte Reaktion gekoppelt werden kann. In diesem Fall ist der Reiz Ihre Geste, die das Gefühl aktivieren soll, welches Sie im Film Ihres Kopfkinos erlebt haben.

Resümee
Die Angst vor dem falschen Zeitpunkt ist auch eine Frage der Haltung. Angst ist zunächst eine Emotion mit einer positiven Absicht. Man sollte sie nicht bekämpfen, sondern eine neue innere Haltung abrufbar machen. Dann ist man schon an einem Punkt, an dem die Angst kleiner wird oder sich gänzlich verliert. Wir Menschen sind – im Gegensatz zu Tieren – in der Lage, unsere Emotionen bewusst zu steuern. So können wir die richtige innere Haltung finden, um der Angst vor dem falschen Zeitpunkt entgegenzuwirken.

11.4 Der freie Wille

Der Angst vor dem falschen Zeitpunkt liegt unter anderem der Wunsch zugrunde, schon vor einer Entscheidung zu wissen, was die Zukunft einem bringt. Würde eine Entscheidung noch frei gefällt sein, wenn davor bekannt wäre, was die Folgen sind?

Die Willensfreiheit wird aus verschiedenen wissenschaftlichen Winkeln bestritten, weil sich der Begriff nicht logisch konsistent definieren lässt und auch neurobiologische Anhaltspunkte gegen den freien Willen sprechen. Neurobiologen wie Wolfgang Singer sprechen immer wieder davon, dass der Mensch in seinen Entscheidungen nicht frei, sondern ein Produkt seiner neuronalen Schaltstellen sei. Unser ganzes Verhalten sei durch kausal determinierte Vorgänge im Gehirn bestimmt (Singer 2005). Mit anderen Worten: Jede Entscheidung ist in unserem Gehirn schon getroffen, bevor es uns bewusst wird.

Von den niederen Organismen bis hin zu den komplexen Lebewesen wie dem Menschen finden wir überall die gleichen Nervenzellen und Mechanismen. Lediglich die Zahl der Neuronen und die Komplexität der Schaltungen nehmen zu, je höher ein Lebewesen entwickelt ist. Das Verhalten ist dadurch zwar komplexer, beruht aber immer auf neuronalen Wechselwirkungen. Und die gehen auch unseren hoch entwickelten kognitiven Leistungen, wie Entscheidungen und Plänen, voraus. Sind unsere Handlungen deshalb determiniert? Sind sie vorbestimmt?

Determinismus bedeutet nicht, dass man wie ein Uhrwerk funktioniert. Im Gegensatz zu einem klassischen mechanischen System unterliegt das Gehirn, wie fast alles in der belebten Welt, einer nicht linearen Dynamik. Das bedeutet, dass die langfristige Entwicklung einer Entscheidung sich weder vorausberechnen noch festlegen lässt, weil bereits minimalste Abweichungen im Ausgangszustand einen vollkommen anderen Verlauf zur Folge haben.

Ein Perspektivenwechsel
Im Folgenden möchte ich den Unterschied zwischen der deterministischen (vorbestimmten) und der indeterministischen (unbestimmten) Perspektive klären. Der Determinismus geht davon aus, dass bereits bei der Geburt feststeht, welche Schulbildung Sie (Person A) abschließen, welche Berufsentscheidung Sie treffen, wie und wo Sie Ihren Lebenspartner kennenlernen und selbstverständlich auch wann Sie sterben werden. Im Determinismus

11.4 Der freie Wille

besteht somit kein freier Wille, es ist alles vorbestimmt (Weinhardt 2018). Dies ähnelt einem Buch, in dem Ihre Taten bereits verzeichnet sind.

Wie würde sich Ihr Leben hingegen in einer indeterministischen Welt darstellen? Also in einer Welt, in der nichts vorherbestimmt ist? Sie (Person B) würden in diesem Beispiel das gleiche Leben führen, nur dass Sie Ereignisse und Entscheidungen Zufällen und Notwendigkeiten zuordnen würden, wie zum Beispiel, dass Sie Ihren Lebenspartner zufällig an einem Sonntagnachmittag in einem Café kennenlernen und nicht, weil das schon vorausbestimmt war.

Wir können hier eine doppelte zeitliche Perspektive unterscheiden: den Rückblick auf die Vergangenheit und den Vorausblick auf die Zukunft. Beide Perspektiven haben nichts mit Willensfreiheit zu tun, da Sie weder als Person A noch als Person B freie Entscheidungen treffen. Vielmehr sind alle ihre Entscheidung entweder durch Notwendigkeit (deterministisch) oder durch Zusammenspiel von Zufall und Notwendigkeit (indeterministisch) bestimmt worden.

Stellen Sie sich jetzt vor, Sie (Person A) wüssten von Anfang an, in welcher der zwei Welten Sie leben. Im Determinismus, wenn von Anfang an alles feststeht, müssten Sie annehmen, dass sich Ihr Lebenstraum nicht erfüllen wird. Wie würden Sie in dieser Welt geänderte Weichenstellungen in Ihrem Leben rückblickend beurteilen? Sie könnten sich sagen, dass Ihr Studium sich nicht gelohnt habe. Gleichzeitig wüssten Sie aber auch, dass Sie keine Alternative gehabt hätten, wie etwa Gärtner zu werden, was Ihnen mehr zusagt, denn alles ist ja vorbestimmt, determiniert. In einer deterministischen Welt würden Sie sich insgesamt mit großer Wahrscheinlichkeit als eine tragisch gescheiterte Person fühlen.

Der Rückblick auf Ihr Leben als Person B unterscheidet sich unwesentlich von ihrem Doppelgänger, Person A. Auch hier können Sie zu der Meinung kommen, dass die Wahl des Studiums sich nicht gelohnt habe, wenn Sie Ihren Lebensverlauf vorher gekannt hätten. Aber der Grad der Frustration würde sich wesentlich unterscheiden. Weil Sie als Person A bereits wussten, dass sich Ihr Lebenstraum nicht erfüllen wird, egal unter welchen Anstrengungen, wird Ihr Leben ein mühsamer Weg. Anders ist dies als Person B: Hier müssen Sie erkennen, dass Sie Ihr Ziel nicht erreichen konnten, weil der Zufall die Weichen anders gestellt hat.

Resümee

In einer indeterministischen (unbestimmten) Welt, in der das Schicksal im Dunkeln liegt, wo man aber sein Bestes gibt, bereitet der Lebensweg mehr Freude als in einer deterministischen (bestimmten) Welt, wo der eigene Einfluss auf den Lebensweg nicht vorhanden ist. Für den richtigen Zeitpunkt bedeutet das: Man kann ihn nicht im Voraus kennen. Man muss aber auch nicht! Mit dieser Vorstellung verschwindet die Angst vor dem falschen Zeitpunkt respektive die Angst, den richtigen Zeitpunkt finden zu müssen.

11.5 Der richtige Zeitpunkt für die Kündigung

Ein zentrales Thema in Coachings mit Menschen, die ihre Bestleistung erreichen wollen, ist ihre berufliche Weiterentwicklung. Dazu gehört meistens auch die Entscheidungsfindung für den besten Kündigungszeitpunkt. Zum Herbeiführen einer Entscheidung in diesem Bereich müssen branchenspezifische und saisonale Faktoren, kulturelle Einflüsse und vertragliche Gegebenheiten beachtet werden. Das sind gegebene Faktoren, die sich nur selten verändern lassen. Wer in diesen Bereichen nicht sattelfest ist, sollte es werden – besonders wenn es um seine berufliche Weiterentwicklung geht.

Angst vor Kündigung

Trotz aller bekannten harten Faktoren darf man nicht vergessen, dass hinter jeder Entscheidung ein Mensch steht respektive Menschen, die von der Entscheidung betroffen sind, besonders wenn es um den richtigen Zeitpunkt für eine Kündigung geht. Unabhängig von den Motiven einer Kündigung spielen dabei nichtalltägliche Ängste eine dominante Rolle, auch weil Menschen Neophobiker sind. Alles Neue macht ein wenig Angst. Wir verharren tendenziell lieber in gewohnten Umgebungen oder Situationen, als dass wir die Gewohnheitszone erweitern. Das kann man zum Beispiel daran erkennen, dass viele Menschen in ihren Ferien, fernab ihrer Kultur, möglichst das essen, was sie bereits kennen. Der Spruch: „was der Bauer nicht kennt, isst er nicht", kommt nicht von ungefähr. Wollen Sie Ihre Angst etwas bändigen? Dann probieren Sie täglich etwas Neues aus! Wie zum Beispiel auf der ungewohnten Straßenseite zu laufen oder ein unbekanntes Gericht zu essen. Sie könnten auch eine Person grüßen, die Sie sonst nicht grüßen würden. Es muss nur etwas für Sie Ungewohntes sein. Denn je häufiger sie Ungewohntes tun, desto weniger Angst werden Sie vor Neuem haben.

Perspektiven

Angst ist auch eine Frage der Perspektive. Der Blickwinkel bestimmt, ob das Zurückgelassene als Verlust und das Neue als Gewinn verbucht wird. Ich bin der Meinung, dass man nicht alle Ängste kontrollieren kann und dass es auch nicht sinnvoll ist, dies zu versuchen. Ich habe jedoch in Tausenden Coachings gesehen, dass bereits eine Veränderung des Blickwinkels oder auch nur der Benennung (gespannte Neugierde anstatt Angst) eine wesentliche Veränderung nach sich ziehen kann.

Da die Folgen einer Entscheidung nie klar abzuschätzen sind, ist der Versuch, sich alle möglichen negativen Nachwirkungen vorzustellen, schlicht sinnlos. Natürlich kann man das eine oder andere strategische Gedankenspiel durchgehen. In der Regel kommt es aber meistens anders, als man denkt. Der folgende Witz illustriert das vortrefflich: Wollen Sie Gott zum Lachen bringen? Dann erzählen Sie ihm von Ihren Plänen!

Wenn Sie ein Angebot für eine neue Herausforderung auf dem Tisch haben, gibt es prinzipiell nur eine Frage, die Sie sich stellen sollten: Was kann ich bei Annahme des Angebots gewinnen, beruflich, an Erfahrung, persönlich, finanziell? Mit dieser gedanklichen Perspektive verändern sich Ihre Haltung und Ihr Fühlen.

Bereitschaft
Jede Kündigung verändert oder beendet Beziehungen. Ich habe schon einige Angestellte erlebt, die mit einer entschlossenen Bereitschaft ihre Stelle am letzten Tag der Kündigungsfrist gekündigt haben, oder umgekehrt Mitarbeitende, denen am letzten Tag der Kündigungsfrist der Arbeitsvertrag aufgelöst worden ist, mitunter in der Weihnachtszeit. Rechtlich ist beidem nichts entgegenzusetzen, menschlich und ethisch dagegen sehr wohl. Wir haben grundsätzlich eine gute Intuition für moralisches, ethisches, intelligentes Verhalten, wir wüssten genau, wie das geht. Aber leider wird die persönliche Haltung, wenn sie falsch ist, mit allerlei Ausreden gerechtfertigt, um das eigene Gewissen zu beruhigen.

Ehrlich und transparent
Warum also bis zum letzten Tag warten, bis ein Vertrag aufgelöst wird? Wäre es nicht Charakterstärke, wenn man den Vertrag auflöst, sobald man sich über alle Konsequenzen im Klaren ist und die Entscheidungsfindung abgeschlossen hat? Viele Menschen, die ich in Coachings auf die Thematik anspreche, argumentieren mit vorgeblich strategischen Überlegungen und ökonomischen Berechnungen. Die ethisch-moralische Seite eines solchen Vorgehens wird meistens verdrängt. Stattdessen wird über Wochen und Monate eine Fassade aufgebaut, um die Mitmenschen im Arbeitsalltag um sich herum zu täuschen, wenn nicht gar anzulügen.

Den Mutigen gehört die Welt

Einer meiner langjährigen Coachingklienten, Herr Müller, hatte sich in einer oberen Managementfunktion über Jahre hinweg eine ehrliche und transparente Haltung bewahrt, obwohl das geschäftliche Umfeld ihm davon stets mit der Begründung abriet, dass es karrierelimitierend sei. Eines Tages bot ihm ein Headhunter einen Stellenwechsel an, der für ihn einen Karriereschub bedeutet hätte, sowohl finanziell als auch Einfluss und Status betreffend. Anstatt dessen Abwerbungsversuche zu vertuschen, sprach er offen und ehrlich mit dem Geschäftsleiter seines Unternehmens über das Angebot. Er betonte dabei auch, dass er seinen aktuellen Job sehr gerne mache. Es ist nicht übertrieben, wenn ich sage, dass mehr als zwei Drittel meiner Coachingklienten diese Offenheit nicht gewagt hätten. Zu groß wäre die Angst vor Statusverlust, Unsicherheit und nichtabschätzbaren Folgen.

Herr Müllers Ehrlichkeit, die er über fast zehn Jahre seinen Kollegen und Vorgesetzten bewiesen hatte, bewährte sich nun. Ihm wurde vom Verwaltungsrat in Aussicht gestellt, die Geschäftsleitung zu übernehmen, nach dem bereits geplanten, aber noch nicht kommunizierten Abgang des aktuellen Geschäftsleiters. Waren Herrn Müllers Ehrlichkeit und Offenheit nur Teil einer Fassade, die er über Jahre aufrechterhielt, um seine Karriere zu fördern? Mitnichten! Jahrelanges und konsequentes Arbeiten an der eigenen Persönlichkeitsentwicklung wird nicht nur im Arbeitsumfeld geschätzt, sondern zeigt sich auch in der Qualität der Freundschaften und Beziehungen. Fairerweise muss hier angefügt werden, dass nicht jeder Mensch eine offene und ehrliche Meinung verträgt. Vermutlich ist dies das Resultat einer Gewohnheit und nicht eine grundsätzliche Haltung.

Resümee
Täuschung, Unehrlichkeit, Tricksereien sind Verhaltensweisen, die Stress verursachen und zu einer verminderten Vertrauensbasis bei Angestellten, Mitarbeitern und Vorgesetzten führen. Dafür muss nicht einmal die sprichwörtliche Wahrheit ans Licht kommen. Meist merken Menschen, wenn jemand nicht die ganze Wahrheit sagt oder irgendwie nicht greifbar ist. Man hat dann so ein flaues Bauchgefühl, dass irgendetwas nicht stimmt. Das kennen Sie sicher auch und vielleicht haben Sie dann aus Korrektheit oder falscher Scham nicht gewagt, die Frage zu stellen, welche die Wahrheit ans Licht gebracht hätte. Leider, so denke ich, geschieht so etwas viel zu oft.

Abgesehen von den harten Fakten für den richtigen Zeitpunkt einer Kündigung, die nicht zu umgehen sind, entscheiden die ethischen Faktoren oftmals über den weiteren Verlauf einer Karriere. Mit einer ehrlichen und offenherzigen Haltung sind Sie meines Erachtens bessergestellt, als wenn Sie über längere Zeit versuchen, eine Fassade aufrechtzuerhalten. Wer mit einem undurchsichtigen Vorgang eine Stelle kündigt, wird später nicht mit gutem Gewissen den ehemaligen Kollegen und Vorgesetzten begegnen können. Nicht zuletzt werden mit einer ehrlichen Haltung auch die Ängste schwinden bei einer Entscheidungsfindung nach bestem Wissen und Gewissen und mit Blick auf die Gewinnperspektiven der Karriere.

Zusammenfassend sind bei dieser Thematik zwei Punkte entscheidend: Erstens, Sie können erst rückblickend beurteilen, ob der Zeitpunkt der Kündigung der richtige war.

Zweitens, Ihre innere Haltung (State) entscheidet signifikant darüber, ob Angst vor der Kündigung überhaupt aufkommt.

11.6 Vorausschauend eingeschätzt – Rückblickend betrachtet

Menschen sind auf der Erde die einzigen Lebewesen, die sich Szenarien und Optionen vorausschauend vorstellen können. Damit sind wir in der Lage einzuschätzen, welche Folgen eine Entscheidung haben könnte. Es ist eine hoch entwickelte Kompetenz unseres Gehirns, bevorstehende Aufgaben mit aktuellen Herausforderungen abzugleichen und gleichzeitig verschiedene Lösungsmöglichkeiten vorauszudenken.

Jedoch bleibt eine Einschätzung per Definition das, was sie ist: Eine nach persönlichen Erfahrungen beurteilte Sachlage. Somit haben wir zwar die Option einer vorausschauenden Einschätzung, ohne zu wissen, was die Zukunft wirklich bringen wird.

Vielleicht
Eine chinesische Anekdote erzählt von einem Bauern in einem armen Dorf, der als Einziger als reich galt, weil er ein Pferd besaß, mit dem er pflügen und Lasten befördern konnte. Eines Tages lief ihm sein Pferd davon. Seine Nachbarn eilten herbei und beklagten, wie schrecklich das sei. Der Bauer aber meinte nur: „Vielleicht."

Ein paar Tage später kehrte das Pferd in Begleitung zweier Wildpferde zurück. Die Nachbarn eilten wieder herbei und freuten sich diesmal über diese günstige Wendung des Schicksals. Aber der Bauer antwortete erneut mit: „Vielleicht."

Am Folgetag versuchte der Sohn des Bauern, eines der Wildpferde zu reiten. Das Pferd warf ihn ab und der Mann brach sich ein Bein. Die Nachbarn bekundeten ihr Mitgefühl über dieses Missgeschick. Aber den Bauern hörten ihn wieder nur ein „Vielleicht" sagen.

In der darauffolgenden Woche kamen die Soldaten des Kaisers ins Dorf, um junge Männer für die Armee einzuziehen. Ein Krieg mit dem benachbarten Königreich bahnte sich an. Die Soldaten nahmen alle jungen Männer mit, außer den jungen Sohn des Bauern, denn der hatte ein gebrochenes Bein. Als die Nachbarn herbeieilten und sagten, was für Glück er habe, antwortete der Bauer: „Vielleicht."

Resümee
Was können wir aus dieser Anekdote über das Thema „Angst vor dem falschen Zeitpunkt" lernen? Jeder Mensch erlebt hin und wieder Missgeschicke und hadert deshalb mit dem Schicksal. Was wir aber im Moment als Unglück oder Pech empfinden, stellt sich im Nachhinein gelegentlich als Glück heraus.

Wenn wir in jeder Situation mit bestem Wissen und Gewissen Entscheidungen treffen, brauchen wir keine Angst vor dem falschen Zeitpunkt zu haben. Dabei gilt es, das persönliche Erfahrungswissen einzusetzen, um die bestmögliche Entscheidung zu treffen.

Im Prinzip sind Entscheidungen zunächst wertneutral. Erst nach deren Auswirkungen kann rückblickend beurteilt werden, ob es einen besseren Zeitpunkt dafür gegeben hätte.

11.7 Fazit

Die Angst vor dem falschen Zeitpunkt verleitet Menschen zu falschen Entscheidungen und betrifft zwischenmenschliche Beziehungen am häufigsten und am direktesten. Deshalb fragen sich viele, wann der richtige Zeitpunkt für eine Entscheidung gekommen sei, für den Heiratsantrag oder die Beendigung einer Beziehung, fürs Kinderkriegen oder für die Kündigung einer Anstellung.

Auf dem Weg hin zu weniger Angst vor Entscheidungen sind die folgenden Erwägungen wichtig:

Ein wichtiger Schritt ist Wahrheit, denn sie wirkt befreiend. Wenn wir die Wahrheit sagen, direkt, freundlich und unverblümt, sich selbst und anderen gegenüber, ist das wie eine Metapher für stabile Beziehung, Erfolg, Zufriedenheit, Gewissenhaftigkeit und emotionale Stabilität – denn die Lüge erzeugt durchgehend Stress und ist dementsprechend anstrengend.

Ein weiterer Schritt in Richtung weniger Angst vor Entscheidungen ist ein aktives State-Management. Damit können wir die innere geistige und emotionale Haltung ändern. Angst kann z. B. zu Neugierde werden, indem ich nicht mehr frage, was könnte mir alles passieren, sondern frage, was kann ich damit alles anfangen? Den richtigen State, also die richtige innere Einstellung, kann man abrufbar und nutzbar machen. Besonders Sportler nutzen das oft. Nicht selten sieht man sie kurz vor einer wichtigen Veranstaltung mit einer bestimmten ritualisierten Gestik in Aktion treten. Damit wird auf Knopfdruck der zuvor programmierte State abgerufen.

Wenn wir in jeder Situation mit bestem Wissen und Gewissen Entscheidungen treffen, brauchen wir keine Angst vor dem falschen Zeitpunkt zu haben. Dabei gilt es, das persönliche Erfahrungswissen einzusetzen, um die bestmögliche Entscheidung zu treffen.

Im Prinzip sind Entscheidungen zunächst wertneutral, also weder richtig noch falsch. Erst nach deren Auswirkungen kann rückblickend beurteilt werden, ob es einen besseren Zeitpunkt dafür gegeben hätte. Wozu also vor etwas Angst haben, das man erst im Rückblick beurteilen kann? Der Angst vor dem falschen Zeitpunkt liegt unter anderem der Wunsch zugrunde, schon vor einer Entscheidung zu wissen, was die Zukunft einem bringt. Würde eine Entscheidung noch frei gefällt sein, wenn davor bekannt wäre, was die Folgen sind?

In einer indeterministischen Welt, in der das Schicksal im Dunkeln liegt, wo man aber sein Bestes gibt, bereitet der Lebensweg sicherlich mehr Freude als in einer deterministischen Welt, wo der Einfluss auf den eigenen Lebensweg nicht vorhanden ist. Für den richtigen Zeitpunkt bedeutet das: Man kann ihn nicht im Voraus kennen. Muss man aber auch nicht! Mit dieser Vorstellung verschwindet die Angst vor dem falschen Zeitpunkt respektive die Angst, den richtigen Zeitpunkt finden zu müssen.

Literatur

Blanton, B. (2015). *Radikal Ehrlich*. Hannover: Inspiriert.

Iñiguez, G., Govezensky, T., Dunbar, R., Kaski, K., & Barrio, R. (2014). Effects of deception in social networks. *Royal Society: Biological Sciences*. https://doi.org/10.1098/rspb.2014.1195.

Kirkpatrick, S. A., & Locke, E. A. (1991). Leadership: Do traits matter? *The Executive, 5*(2), 48–60.

Singer, W. (2005). Wann und warum erscheinen uns Entscheidungen als frei? Ein Nachtrag. *Deutsche Zeitschrift für Philosophie*, 708.

Weinhardt, B. A. (2018). *Das Modell des illibertaten Indeterminismus: Lebensführung jenseits von Willensfreiheit und Fatalismus*. Göttingen: Vandenhoeck & Ruprecht.

Angst vor Manipulation

12.1 Die tägliche Manipulation

Wohl kaum jemand will bei wichtigen Entscheidungen, beim Kauf eines Produktes oder einer Dienstleistung, in Verhandlungen, Geschäftsbeziehungen oder in einer Partnerschaft zu seinem Nachteil manipuliert werden. Und trotzdem passiert es tagtäglich. Meistens, ohne dass es bemerkt wird, und wenn, dann zu spät. Warum Manipulationen schwierig aufzudecken sind und worauf Sie im Speziellen achten müssen, um sich zu schützen, erfahren Sie in diesem Kapitel.

Im Rahmen einer systematischen Befragung meiner Coachingklienten zum Thema Urängste äußerten viele, dass sie Angst vor Manipulation hätten, darunter CEOs von Großunternehmen, Jungunternehmer und Sportler. In weiterführenden Gesprächen stellte sich heraus, dass das Thema der Manipulation kein beiläufiges ist. Angst vor Manipulation besteht vor allem bei Geschäftsentscheidungen, in Partnerschaften und wenn es darum geht, seine persönliche Bestleistung zu erreichen.

12.2 Was ist Manipulation?

Bereits als Kinder haben wir psychologische Tricks verinnerlicht, um unsere Umgebung – etwa mit einem Lächeln – zu manipulieren, damit wir unsere Ziele erreichen. Hier geht es um alltägliche Beispiele die veranschaulichen, was Manipulation sein kann und wie man sich dagegen am besten schützt – ein Thema mit vielen Facetten, das man aus unzähligen Blickwinkeln betrachten kann.

Herkunft des Wortes

Das Verb „manipulieren" geht auf das französische „manipuler", „etwas mit der Hand behandeln, bearbeiten", zurück. Es beruht auf dem (mittel-)französischen „manipule", was so viel bedeutet wie „eine Handvoll", eigentlich: so viele Kräuter, wie man auf einmal mit der Hand greifen kann. Das wiederum ist dem lateinischen „manipulus", „Handvoll, Bündel" entlehnt, einer Bildung aus dem lateinischen „manus", „Hand", und dem Verb „plere", was „füllen" bedeutet. Im Deutschen hatte „manipulieren" im 18. Jahrhundert zunächst die Bedeutungen: „die für den magnetischen Schlaf (ein Heilverfahren) nötigen Handgriffe ausführen" und allgemein „verfahren, handhaben" (Pfeifer et al. 2003).

Menschen sind von Natur aus nutzenorientierte Lebewesen, deren Absicht des Handelns sich primär für etwas und nicht gegen etwas richtet, wie viele behaupten. Denken, Handeln und Fühlen sind von außen beeinflussbare Mechanismen, die sehr leicht gelenkt und gesteuert werden können – zum Beispiel mit einem simplen Lächeln oder einer freundlichen Begrüßung.

Bei einem Händedruck oder einem Lächeln manipuliert man in der Regel mit guter Absicht. In diesem Moment steuern uns ältere Gehirnschichten. Man will herausfinden, ob das Gegenüber Freund oder Feind ist. Dabei wird bei der Begrüßung die leere Waffenhand (rechte Hand) gezeigt, als Beweis, dass man freundlicher Gesinnung ist. Man manipuliert also auf eine friedvolle Begegnung hin. (Mehr zu den Ebenen der Manipulation folgt in Abschn. 12.3.)

Männer aus dem westlichen Kulturkreis wird beigebracht, einen kräftigen Händedruck zu reichen, denn der steht gewöhnlich als Zeichen für Selbstbewusstsein, Kraft und Willensstärke. Ein schwacher Händedruck würde eher negative Assoziationen hervorrufen. (In asiatischen Ländern wird eher von einem starken männlichen Händedruck abgeraten. Dort gilt er als unhöflich und grob.) Die Spannbreite der Manipulationsmöglichkeiten reicht, wie Sie sicher selbst wissen, viel weiter als vom Lächeln eines Babys bis zum Händeschütteln eines Geschäftspartners. Menschen wollen andere Menschen durch Manipulation dazu bringen, etwas (für sie) zu tun. Gleichzeitig haben sie Angst, von anderen zum eigenen Nachteil beeinflusst zu werden.

Das kann harmlos sein, wie im folgenden Beispiel: Wenn Ihr 4-jähriges Kind Sie im Sommer mit einem herzerweichenden Blick davon überzeugt, ein Eis zu kaufen, werden Sie es vermutlich tun, ohne ihm bösartige Beeinflussung zu unterstellen, auch wenn dies eine offensichtliche Manipulation war.

Weniger harmlos ist das folgende Beispiel (taz 2012): Die Zahl der freiwilligen Organspender geht seit Jahren zurück. Deshalb hat die Deutsche Stiftung Organtransplantation (DSO) seit 2006 ihr Krankenhauspersonal in Kommunikationstechniken des Neurolinguistischen Programmierens (NLP) ausgebildet, um bei Angehörigen von Hirntodpatienten eine Organspende zu erwirken. Die auf eine erfolgsorientierte Kommunikation fokussierte Strategie wurde vielerorts abgelehnt und deshalb wieder eingestellt, als Angehörige sich zu Wort meldeten. Sie fühlten sich in eine Entscheidung manipuliert.

Manipulation ist im Prinzip aber wertneutral, weder gut noch schlecht. Jeder Mensch manipuliert, da jeder Mensch Wünsche, Bedürfnisse und Absichten hat. Manipulation scheint ein notwendiges, bewusstes und unbewusstes Übel zu sein, um mit oder von anderen Menschen das zu bekommen, was man benötigt oder haben will.

Es gibt mehrere Ebenen der Manipulation, die ich in Abschn. 12.3 erörtern werde.

12.3 Ebenen der Manipulation

Wann gute Manipulation aufhört und schlechte beginnt, ist schwer zu definieren. Eine kleine Aufgabe kann das verdeutlichen: Lesen Sie den folgenden Text, in dem Stufen der Manipulation mit positiven und negativen Beispielen beschrieben werden, und versuchen Sie, jeweils ein Gegenbeispiel pro Kategorie zu finden:

Ungerichtete Manipulation
Bereits wenn Sie einen Raum betreten, in dem sich Menschen aufhalten, manipulieren Sie. Die anwesenden Personen werden sich nach Ihnen umdrehen, Sie ansehen oder Ihnen grüßend zunicken. Sie lösen in diesen Menschen Gedanken oder Gefühle aus, die sie in Ihrer Abwesenheit nicht hatten. Jede Begegnung zwischen Menschen bewirkt eine ungerichtete und deshalb manchmal auch unerwünschte Manipulation.

Zielgerichtete Manipulation
Zwei Beispiele: Sie rufen jemanden an. Wenn Sie ein willkommener Gesprächspartner sind und etwas Nützliches bieten, und sei es nur aufmunternde Worte, werden Sie willkommen sein.

Wenn Sie hingegen einer der aufdringlichen Telefonverkäufer sind, die einen unvermittelt anrufen, oder den Angerufenen in einem für ihn ungünstigen Moment erreichen, sind Sie vermutlich nicht willkommen.

Beide Fälle dokumentieren zielgerichtete Manipulationen. Und wir könnten unzählige weitere Beispiele finden, welche man derart kategorisieren könnte. Denn jede Einflussnahme im Leben anderer beinhaltet ein gewisses Maß an Manipulation.

Zielgerichtete Manipulation zum eigenen Vorteil
Auch hier ein Beispiel: Sie überreden einen Bekannten oder Freund, Ihnen 100 Euro auszuleihen, ohne über den Zweck zu informieren. Nehmen wir freundlicherweise an, dass Ihnen diese Bitte gewährt wird, und gehen wir eine Stufe weiter. Eine unbekannte, sympathische Person erzählt Ihnen, dass ihr das Portemonnaie mit allen Kreditkarten und allem Geld geklaut wurde. Wenn sie es sich ohne Weiteres leisten könnten, würden wahrscheinlich die meisten Menschen in dieser Notsituation helfen und dieser Person 100 € leihen – vorausgesetzt die Begründung ist glaubwürdig und wird authentisch vorgebracht.

Ein anderes Beispiel: Einer Ihrer Mitarbeiter bittet Sie eindringlich und sehr freundlich um einen Aufschub eines Ihrer Aufträge, da ein anderes Projekt eskaliert wurde. Das würde bedeuten, dass Ihr Auftrag zurückgestellt und mit einer Verzögerung abgeschlossen würde – ohne weitere Nachteile für Sie. Die Manipulation, Sie mit Freundlichkeit zu einer positiven Entscheidung zu bewegen, ist offensichtlich und transparent.

Zielgerichtete Manipulation zum eigenen Vorteil, unter Vorbehalt von Konsequenzen und Informationen
Zehntausende junger, enthusiastischer Männer haben sich in der Zeit des Vietnamkrieges freiwillig für den Militärdienst entschieden. Wären den jungen Aspiranten das harte Training und die blutigen Konsequenzen vollumfänglich bekannt und bewusst gewesen, hätten sich wohl einige dagegen entschieden.

Sobald eine von zwei Parteien wesentlich mehr Informationen zu einer Sachlage besitzt als die andere, besteht das Risiko einer zielgerichteten Manipulation mit vorbehaltenen Konsequenzen. An welchem Punkt dabei respektive danach diese Manipulation als negativ empfunden wird, hängt vom Kontext und von den Folgen für die betroffene Person ab.

Stellen Sie sich selbst einmal die Frage: Wie oft haben Sie Menschen zielgerichtet beeinflusst und nicht alle Informationen und Konsequenzen zuvor offengelegt? Ist es nicht so, dass wir dies manchmal tun, um Menschen nicht von Anfang an mit einem Thema zu überfordern und sie in die von uns gewünschte Richtung zu lenken? Manchmal hat das aber auch mit mangelnder Ehrlichkeit zu tun oder mit der Scham, die daraus folgenden Konsequenzen auszusprechen.

Zielgerichtete Manipulation zum eigenen Vorteil, unter Vorbehalt von Konsequenzen, um einen eigenen Nachteil zu vermeiden
Während die Beispiele der vorherigen drei Ebenen sowohl positive wie auch negative Manipulation verdeutlichen können, geht es hier eindeutig um Letztere. Positiv können diese Ebene m. E. nur die manipulierenden Personen empfinden, da es nur für sie Vorteile gibt. (Anm.: Falls Ihnen ein Positivbeispiel einfällt, freue ich mich auf dessen Zusendung.) Wenn jemand einen anderen Menschen aus egoistischen Gründen manipuliert, also um sich selber zu bevorteilen und eigene Nachteile zu vermeiden, werden moralischen Grenzen überschritten.

Ein Beispiel: Einer Ihrer Mitarbeiter spielt Ihnen gelegentlich Informationen zu, die einen Kollegen in ein schlechtes Licht rücken. Es wird nicht offen schlecht über die andere Person gesprochen, die Herabsetzung schwingt vielmehr subtil zwischen den Zeilen mit.

Einerseits sind Sie vielleicht dankbar dafür, dass Sie mit diesen Informationen nötige Maßnahmen treffen können, weil es in Ihrer Verantwortung liegt. Es könnten also durchaus zweckdienliche Informationen sein. Aber diese manipulativ verbreiteten Informationen könnten auch dazu führen, dass Mitarbeitende dadurch zu Unrecht benachteiligt werden.

Resümee
Diese Erläuterungen veranschaulichen das Manipulationspotenzial, das – vermutlich instinktiv – in jedem von uns steckt. Manipulation kennt keine eindeutige ethische Grenze. Bereits kleine Kinder lernen zu manipulieren, um ihre Anliegen durchzusetzen. Die

Grenze zur unlauteren Manipulation sollte da gezogen werden, wo sie bewusst zum Nachteil anderer eingesetzt wird, um sich zu bevorteilen.

Offene und ehrliche Kommunikation ist eine Grundvoraussetzung für menschliches Zusammenleben, beinhaltet aber das Risiko einer Ablehnung der eigenen Anliegen. Es muss mehr verhandelt werden oder es müssen Kompromisse eingegangen werden. Manipulation funktioniert schneller und effektiver. Rainer Sachse argumentiert, dass erst das Ausmaß der Manipulation zum Problem wird. Nimmt Manipulation überhand, sind Beziehungen gefährdet – je größer die Manipulation, desto höher das Risiko, Beziehungen zu vergiften (Sachse 2007).

Gleichermaßen ist die Intention entscheidend, mit der manipuliert wird. Geschieht es mit der Absicht, Ihre Mitarbeitenden zu Bestleistungen zu motivieren oder um ihnen zu schaden? Letzteres birgt unliebsame Überraschungen, wenn die Karten aufgedeckt werden.

12.4 Kann man sich gegen Manipulation schützen?

Damit Sie sich vor Manipulation schützen können, sollten Sie sich im Klaren sein, dass auch der Schutz vor Manipulation manipulieren bedeutet. In jeder zwischenmenschlichen Beziehung herrscht ein meist unbewusster Kampf, die eigenen Überzeugungen durchzusetzen. Man sollte aber erkennen, dass andere ebenfalls Bedürfnisse haben, die sie durchsetzen wollen. Es ist in einer Beziehung ratsam, für die Bedürfnisse anderer Menschen offen zu sein und sich einzugestehen, dass man selbst auch im Unrecht sein könnte. Wer sich vor unerwünschter Beeinflussung schützen möchte, muss sich mit den Möglichkeiten der Kommunikation bewusst auseinandersetzen.

Manipulationskomponenten bewusst machen
Wie oben dargelegt, ist jede Art der Kommunikation bereits Manipulation. Ob Sie Erwartungen an den Lebenspartner haben, an Geschäftspartner, Mitarbeiter oder an Ihre Kinder: Bedenken Sie immer, dass es umgekehrt genauso ist. Alle haben auch Erwartungen an Sie. Sei es eine Information oder die Zustimmung zu einem kritischen Thema, vielleicht auch die Unterschrift eines Vertrages.

Um der Manipulation nicht hilflos ausgeliefert zu sein, braucht es Werkzeuge, die den Prozess der Manipulation gedanklich auf Zeitlupe ausbremsen, um ihn dann in seine Einzelteile zu zerlegen. Anders lassen sich die verschiedenen Komponenten der Manipulation kaum erkennen, geschweige denn verstehen. Man sollte dabei die wechselseitigen Kommunikationskriterien bewusst wahrnehmen, damit man später reflektierter in Prozessen der Manipulation agieren kann.

Lassen Sie uns im nächsten Absatz Ihre kommunikativen Grundlagen auffrischen und betrachten, wie das Gehirn funktioniert und wie wir mit diesem Wissen unerwünschter Manipulation entgegentreten können.

Wie viele Informationen des Gehirns nehmen wir bewusst wahr?
Die Kriterien der Manipulation werden von dem Wunderwerk der Natur bestimmt, das wir Gehirn nennen. Es verarbeitet auch das hier Gelesene, während es gleichzeitig Ihre Atmung oder Ihre Verdauung steuert, aber auch Ihre Gedanken verarbeitet, ohne dass es Ihnen bewusst ist. Und gleichzeitig führt es Sie vielleicht zu der Frage, wohin Sie mein gedanklicher Ausflug führen wird und was Ihr Nutzen davon sein könnte.

Nicht alles, was Sie über Ihre Sinneskanäle wahrnehmen, kann Ihnen bewusst sein. Um zu verstehen, was Bewusstsein ist, betrachten wir kurz die Rechenleistung Ihres Gehirns. Dazu nehmen wir die Gesamtzahl Ihrer Nervenzellen (ca. 100 Milliarden) und die korrespondierenden Synapsen (ca. 100 Billionen), die wie Minischalter funktionieren, plus deren Reaktionsgeschwindigkeit (ca. 0,3 ms) (Schmid 2012).

Sie fragen sich, warum das für unser Thema wichtig ist? Ob und wie weit Sie manipuliert werden können, hängt sehr davon ab, in welchen der 10.000 Kinosäle Sie sich bewusst setzen oder in welchen Sie geführt werden, um sich unterhalten zu lassen.

Da das Gehirn schon alles um uns herum wahrnimmt und analysiert, wäre es nur sinnvoll, wenn wir auch die zahlreichen unbewusst registrierten Informationen entschieden nutzen würden, um potenzieller Manipulation entgegenzuwirken. Mit welchem einfachen Trick das möglich ist, darum geht es im Folgenden.

Vorahnung
Um unerwünschter Manipulation einen Riegel vorzuschieben, gibt es zahlreiche wirksame Optionen. Es geht darum, wie wir unser neuronales Betriebssystem mit Programmen aufmerksamer für zwischenmenschliche Interaktionen machen können. Stellen Sie sich vor, wie Sie in Ihren 10.000 Kinosälen diejenigen Filme identifizieren, welche für Sie brauchbare Informationen liefern, um Manipulation zu vermeiden.

Sie hatten bestimmt auch schon in gewissen Situationen das Gefühl: hier stimmt etwas nicht. Wenn ich meine Großmutter um Rat fragte, sagte sie immer: „Hör' auf dein Bauchgefühl. Das sagt Dir, was richtig ist." Das Bauchgefühl, also die Intuition, ist das

Ergebnis unzähliger Erfahrungen und vermutlich eine der besseren Optionen, die vor Manipulation schützen. Sie müssen nur den Mut haben, sich auf dieses Erfahrungswissen zu verlassen, das Sie immer bei sich haben und jederzeit als guten Ratgeber benutzen können.

Während Sie manipuliert werden, kann es sein, dass sich Ihr Bauchgefühl meldet, manchmal gefolgt oder begleitet von einer inneren Stimme und einem Gefühl von Stress. Wenn Sie das fühlen, sollten Sie nichts überstürzen: Verschieben Sie die Vertragsunterzeichnung, die Verhandlungen oder die Entscheidung, die gerade ansteht, und geben Sie sich mehr Zeit zum Überdenken. Es ist vermutlich gerade der falsche Zeitpunkt zum Entscheiden.

Während das Bauchgefühl mehr oder weniger zufällig eintrifft, können Sie mit gezielter und bewusster Aufmerksamkeit und etwas Übung Manipulationsversuche noch früher erkennen.

Aufmerksamkeitsfokus
Was Sie bewusst wahrnehmen, hängt unter anderem davon ab, worauf Sie Ihren Fokus lenken, worauf Sie Ihre gesamte bewusste und teils unbewusste Aufmerksamkeit richten. Ablenkung lauert überall: E-Mails, SMS, Facebook, Nachrichten im Radio, Gespräche im Büro usw. Die Menge derart mehr oder weniger auf uns einprasselnder Informationseinheiten ist kaum überschaubar. Und alle wollen unsere Aufmerksamkeit.

Umso so sinnvoller ist es, darüber nachzudenken, welche Informationen wirklich wichtig sind, denn die wenigstens sind wirklich wegweisend oder gar entscheidend fürs Leben. Wir sind vollgestopft mit Informationen und ahnen doch kaum, wer uns gerade manipuliert.

Nachrichten
Unser zentrales Nervensystem reagiert unverhältnismäßig stark auf sichtbare, skandalöse, aufsehenerregende, schockierende, personenbezogene, laute, plakative, schnell wechselnde, farbige Reize und unverhältnismäßig schwach auf abstrakte, mehrdeutige, komplexe, aufeinander aufbauende und deutungsbedürftige Informationen. „News-Produzenten nutzen diese Wahrnehmungsverzerrung systematisch aus", schreibt Rolf Dobelli und verschreibt gar eine Newsdiät (Dobelli 2012).

Die effizientesten Manipulatoren wollen Sie ablenken, damit Sie unbedacht mit Ihrer Aufmerksamkeit umgehen. Denn je aufmerksamer Sie bei der Sache sind, desto weniger sind Sie anfällig für Manipulationen.

Werbung
Werbung, von der wir täglich berieselt werden, ist pure Manipulation. Dabei werden exakt jene Emotionen angesprochen, die Sie überzeugen zu handeln. Wie häufig haben wir schon etwas gekauft, das wir nicht brauchten, oder eine Meinung vertreten, die nicht unsere eigene war. Oft ist uns das auch bewusst und trotzdem tun wir es.

Resümee
Mit einer erhöhten Aufmerksamkeit schützen Sie sich am besten vor unerwünschter Manipulation. Fokussieren Sie Ihre Aufmerksamkeit mit den 0,01 % Ihrer bewussten Gehirnaktivität und schärfen Sie so Ihre Wahrnehmung. Dadurch sind Sie den Manipulationsver-

suchen aus Nachrichten, Werbung oder Politik nicht schutzlos ausgeliefert. Um zu wissen, wie diese Art der Manipulation funktioniert, schauen wir uns die Sprache genauer an. Da Sprache die Basis unserer Kommunikation und unseres Zusammenlebens ist, wollen wir in Abschn. 12.5 ein paar sprachliche Manipulationsfallen betrachten, welche in Werbung, Politik und Verkauf bewusst genutzt werden.

12.5 Sprachliche Unschärfe begünstigt Manipulation

Im Grunde genommen ist es einfach, sprachliche Manipulationen zu entlarven. Es gibt kaum einen gesprochenen oder geschriebenen Satz, der informationstechnisch vollständig wäre. Wenn wir uns unterhalten, lassen wir unbewusst Informationen weg, von denen wir denken, dass sie nicht wichtig sind. Ich könnte Ihnen jetzt beschreiben, was ich alles sehe, während ich den vorliegenden Text schreibe. Auch was ich höre, wie sich der Stuhl anfühlt, auf dem ich sitze, der Geruch in dem Raum und wie der Kaffee schmeckt, an dem ich zwischendurch nippe, vermute aber, dass vieles davon Sie nicht interessiert und lasse es automatisch weg. Wenn ich Ihnen jetzt nur sage, dass ich in meinem Büro sitze und diesen Text schreibe, dann überlasse ich es Ihnen, sich ein vollständiges Bild davon zu machen. Manipulatoren nutzen diese sprachliche Ungenauigkeit.

Professionelle Manipulatoren
An politischen Wahlsprüchen kann sprachliche Manipulation ausgezeichnet demonstriert werden. „Yes, we can", war der Wahlkampfslogan des US-Präsidenten Barack Obama, der erstmals 2008 in seiner Rede auftauchte. Dabei fragte er seine Zuhörer, ob man Gerechtigkeit, Wohlstand und Weltfrieden schaffen könnte. Und als Antwort wiederholte er immer wieder: „yes, we can" (Ja, wir schaffen das).

12.5 Sprachliche Unschärfe begünstigt Manipulation

Semantisch ist so ein Frage-Antwort-Spiel irreführend. Denn was heißt Gerechtigkeit, Wohlstand und Weltfrieden? Dafür hat jeder Mensch seine eigene Definition. Und genau das machen sich Politiker zunutze. Sie nutzen unspezifische Hauptwörter, mit denen sich möglichst viele identifizieren können. Denn wer will nicht gerne Gerechtigkeit, Wohlstand, Weltfrieden, Freiheit? Wenn Sie einen Politiker fragen würden, was Gerechtigkeit bedeutet, bekämen Sie mit großer Wahrscheinlichkeit weitere unspezifische Hauptwörter. Ein gewiefter Politiker lässt sich nicht festnageln.

Unbestimmte Hauptwörter von abstrakten Begriffen, die man nicht anfassen kann, wie Frieden, Glück, Liebe und dergleichen sind bedeutungsschwanger und geben jedem die Möglichkeit einer eigenen Deutung. Sie lösen immer Emotionen aus und fragen mehr nach, was das konkret bedeutet. Dieser Kniff wird in Verhandlungen, in der Werbung, der Politik und beim Verkauf bewusst eingesetzt – mitunter aber auch unbewusst in Erziehung und Partnerschaft. Vielleicht fragen Sie künftig nach, was zum Beispiel Vereinigung oder Besprechung für Ihren Geschäftspartner bedeutet, bevor Sie annehmen zu wissen, was genau Ihr Gegenüber damit meint. Das könnte nicht nur helfen Missverständnisse zu vermeiden, es könnte Sie auch vor Manipulation schützen.

Unspezifische Prozesswörter (unspezifische Verben)
Unser Gehirn tendiert dazu, unvollständige Informationen mit den Erinnerungen an eigene Erfahrungen zu vervollständigen. Nehmen wir zum Beispiel unbestimmte Prozesswörter, die wir alle tagtäglich benutzen. In dem Satz: „Ich reise nach Mailand", ist das Wort „reise" ein unbestimmtes Prozesswort, denn Sie wissen nur, dass, aber nicht wie ich nach Mailand reise. In Gesprächen ist es normal, dass wir solche Informationen weglassen. Das macht Kommunikation effizient. Wenn Sie aber nicht nachfragen, wird Ihr Gehirn die Lücke aus dem Speicher Ihrer eigenen Reisegewohnheiten füllen – mit dem Zug zum Beispiel –, obwohl ich vielleicht das Flugzeug nehme. Wenn Ihr Mitarbeiter sagt, er habe den Kunden kontaktiert, könnte es für Sie wichtig sein, wie der Kontakt stattgefunden hat. Sie nehmen an, er hätte das so getan, wie Sie das üblicherweise tun, per Telefon etwa. Aber hat er das tatsächlich?

Ein Verkäufer sagt Ihnen beim Kauf eines Gerätes, dass Sie sich jederzeit telefonisch melden dürfen, falls Sie bei der Installation des Geräts Unterstützung brauchen. Sie gehen mit einem guten Gefühl nach Hause, merken dann aber, als sie die telefonische Unterstützung beanspruchen, dass Sie mit einem Supportdienst in Bangladesch verbunden sind. Genau das ist mir vor einigen Jahren selbst passiert. Hätte ich dazumal bereits genauer hingehört und Fragen gestellt, hätte ich mich mit größter Wahrscheinlichkeit für ein anderes Gerät mit einem Vor-Ort-Support entschieden. Der Alltag ist voll von solchen und ähnlichen Manipulationen. Werber, Politiker und Verkäufer nutzen sprachliche Unschärfe gezielt und bewusst, um Menschen zu manipulieren.

Wie Sie bestimmt schon gemerkt haben, kann man unbestimmte Prozesswörter mit einfachem Nachfragen klären: Wie genau reisen Sie nach Mailand? Wie genau hast du den Kunden kontaktiert? Mit wem genau werde ich bei Ihrem Supportdienst verbunden?

12.6 Fazit

Wir alle manipulieren oder werden manipuliert. Das ist bis zu einem gewissen Grad unvermeidbar. Unerwünschter Manipulation kann man aber entgegenwirken:

1. Hören Sie auf Ihr Bauchgefühl, Ihre Intuition, denn sie ist der Speicher Ihres Erfahrungswissens, somit ein wichtiger Ratgeber, der Sie jederzeit mit intuitivem Wissen „berät". Wenn Sie das Gefühl haben, dass etwas nicht stimmt, fragen Sie nach!
2. Achten Sie nicht nur genau darauf, was, sondern auch wie Ihnen jemand etwas sagt, denn auch Zwischentöne, Stimmlage, Sprechgeschwindigkeit und Gesichtsausdruck sind aussagekräftige Indizien.
3. Nehmen Sie nicht gleich an, alles verstanden zu haben. In praktisch jeder Aussage fehlen Informationen. Wenn es um Verkauf, Verträge oder etwas anderes Wichtiges geht, hören Sie genau hin. Lassen Sie sich Zeit für wichtige Entscheidungen und sich nicht unter Druck setzen.
4. Nachfragen ist unerlässlich. Auch wenn es unliebsame Fragen für Ihr Gegenüber sein könnten, es ist wichtig, sie zu stellen, um Klarheit zu schaffen, ob Sie alles richtig verstanden haben.
5. Achten Sie auf unbestimmte Hauptwörter, denn sie führen in den Morast der Manipulation. Nicht alle Menschen wollen klar und offen kommunizieren. Darum ist Nachfragen auch hier so wichtig.
6. Das Gleiche gilt bei unbestimmten Verben. Nehmen Sie nicht an zu wissen, was jemand getan hat oder was Sie tun sollten. Fragen Sie nach, bis Sie ganz genau wissen, was gemeint ist.

Es gibt zahlreiche weitere Möglichkeiten, Manipulationen entgegenzuwirken. Im Anschluss finden Interessierte, die sich weiter in das Thema einlesen wollen, eine Literatur- und Verzeichnisliste.

Noch besser als Literatur sind Seminare, in denen Sie die Möglichkeiten der Manipulationsvermeidung üben können, denn nichts geht über die Praxis. Die gesamte Selbsthilfebücherindustrie lebt letzlich von Menschen, die Bücher lesen, ohne die Ratschläge praktisch umzusetzen – auch wieder eine Art der Manipulation.

Ein paar Lesetipps zum Thema Manipulation

- Gustav Le Bon „Psychologie der Massen" Verlag Historie Media EOOD (ISBN: 9781717455482). Der Begründer der Massenpsychologie untersuchte in seinem Buch bereits 1895 das Verhalten von Menschengruppen und ihre Manipulation.
- Robert Cialdini „Die Psychologie des Überzeugens" Hogrefe AG (ISBN: 978-3-456-85720-6). Ein Buch wie eine Offenbarung für jene, die sich schon oft über ihre Leichtgläubigkeit geärgert haben.

Literatur

Dobelli, R. (2012). *Vergessen Sie News!* http://www.dobelli.com/de/essays/news-diat-full/. Zugegriffen am 03.05.2018.

Pfeifer, W., et al. (2003). Manipulation. In *Etymologisches Wörterbuch des Deutschen* (6. Aufl., S. 835). München: Deutscher Taschenbuch.

Sachse, R. (2007). *Wie manipuliere ich meinen Partner – Aber richtig.* Stuttgart: Klett-Cotta.

Schmid, G. B. (2012). *Conscious vs. Unconscious information processing in the mind-brain.* http://www.mind-body.info/files/conscious_vs_unconscious_thinking.pdf. Zugegriffen am 20.10.2018.

taz. (2012). *Psychotricks bei der Organspende. Beratung mit der Moralkeule.* http://www.taz.de/Psychotricks-bei-der-Organspende/!5101995/. Zugegriffen am 29.10.2018.

Spezialfall Flugangst 13

Erfolgreiche Menschen in beruflichen Spitzenpositionen werden oft als Übermenschen betrachtet. Denn wer beruflich erfolgreich ist, muss auch geistig und körperlich über jeden Verdacht erhaben sein. Dass dem nicht so ist, zeigen immer wieder Schlagzeilen über Topmanager, die von heute auf morgen ihre Position freigeben oder im schlimmsten Fall in den Freitod gehen. Trotz der wiederholten Berichte über Suizide in Großbanken und Großunternehmen gibt es jedoch kaum valide Untersuchungen zu einer Suizidprävalenz unter Managern und Bankern. Ganz im Gegenteil, Tiesman et al. (2003–2010) und Milner et al. (2013) bescheinigten der Berufsgruppe Manager eine vergleichsweise geringe Suizidrate und ein geringes Suizidrisiko im Vergleich mit der Allgemeinbevölkerung.

Dabei sind auch Manager in Spitzenpositionen Menschen mit den gleichen Ecken, Kanten und Schwächen wie jeder andere Mensch auch. Auch wenn sie einen Weg hinter sich haben, der zu einer Spitzenposition in einem Unternehmen geführt hat, funktionieren sie biologisch und psychologisch wie jeder andere Mensch. Sie haben Ängste, sie haben Zweifel, sie sind manchmal traurig, sie freuen sich oder empfinden Wut. Sie als Übermenschen zu betrachten, ist eine emotionale Belastung, mit denen viele dieser nicht klarkommen, das habe ich in vielen Coachingjahren eindeutig festgestellt.

Flugangst oder so etwas wie Fliegen brauche ich nicht
Peter Meyer war ein ehrgeiziger Manager mit Ambitionen und dem richtigen Set an Kompetenzen, um an die Spitze zu kommen. Mit seinen 49 Jahren hatte er es bereits sehr weit gebracht. Er führte einen größeren Bereich in einer großen Privatbank, bei der er bereits seine Ausbildung gemacht hatte. Für die nächsten zwei Stufen bis zum CEO schien er beste Voraussetzungen zu haben, da von seinen Peers ihm niemand das Wasser reichen konnte. Auf seiner Führungsstufe kannte keiner die Bank so gut wie er. Die einzigen zwei, die ihm auf dem Weg nach oben Konkurrenten hätten sein können, waren erst seit wenigen

Jahren dabei und kannten weder die Strukturen der Bank so gut wie er noch waren sie gleich gut vernetzt in der Branche.

Er war seit 22 Jahren mit seiner sechs Jahre jüngeren Frau verheiratet, mit der er zwei Söhne hatte, die gerade in die Pubertät kamen. „Die beste Zeit des Lebens", wie Herr Meier sagte. Denn die Pubertät sei die Zeit, in der man die Welt entdecke, erwachsen werde und herausfinden könne, wohin die Reise gehen soll. Wie es sich zeigte, waren seine beiden Söhne ebenso ambitioniert wie er. In der Schule wetteiferten sie um gute Noten und beim Sport waren sie vorne dabei. Bereits in jungen Jahren fiel ihre Entscheidung auf Golf. Es gäbe Leute, die würden sagen, Golf sei kein Sport, merkte Herr Meier an. Aber letztlich ginge es um die Entwicklung der Kinder, denen er mehr Perspektiven bereitstellen wollte, als er selbst hatte. Der ältere der beiden Söhne gehörte bereits mit 12 Jahren beim Golf zu den Besseren in seiner Altersklasse. Das brachte erhebliche Kosten mit sich, die aber keinerlei Belastung für Familie Meier waren. Auch die zeitliche Beanspruchung für die Reisen zu Golfturnieren in der ganzen Schweiz sowie die sechs Tage Training pro Woche ließen sich gut meistern. Frau Meier hatte sich entschieden für ihre Söhne den Beruf aufzugeben und sie auf ihrem Weg zu unterstützen.

„Wie soll ich meiner Familie und meiner Frau sagen, dass sich seit über 30 Jahren panische Flugangst habe?", offenbarte Herr Meier das Thema des Coachings. Niemand außer seinem Arzt wüsste davon. Er könne sich auch nicht erklären, wie sie entstanden sei oder woher sie käme. Soweit er zurückdenken könne, sei die Flugangst schon Teil seines Lebens gewesen. „Seit zehn Jahren fliege ich regelmäßig geschäftlich nach Singapur. Das geht aber nur mit der Hilfe meines Arztes. Er hat mir ein Dauerrezept für das Medikament Temesta ausgestellt." Dass dies nicht ewig so weitergehen könne, sei ihm klar. „Jedes Mal, wenn ich aus dem Flugzeug steige, bin ich so groggy, dass ich mehr als einen Tag brauche, bis ich wieder normal arbeiten und funktionieren kann", schilderte er seine Erfahrungen mit dem Medikament. Außerdem graue es ihm vor den gesundheitlichen Nebenwirkungen der Medikation. Benzodiazepine sind hochwirksame Medikamente, die ein Abhängigkeitsrisiko mit sich bringen, das schon nach wenigen Wochen der Einnahme eintreten kann. Nach Angaben der Deutschen Hauptstelle für Suchtfragen sind in Deutschland ca. 1,5 Millionen Menschen abhängig von Benzodiazepinen. In der Schweiz nimmt schätzungsweise jede zehnte erwachsene Person regelmäßig Medikamente, die süchtig machen können. Die Abhängigkeit von Benzodiazepinen wird jedoch häufig nicht als solche erkannt und dauert oftmals viele Jahre (Zürcher Fachstelle zur Prävention des Alkohol- und Medikamentenmissbrauchs 2019).

Ihm sei auch bewusst geworden, dass er seinen golftalentierten Sohn nicht bei Auslandsreisen begleiten könne, wenn sich nichts ändere. Deshalb wünsche er sich, frei von Flugangst zu sein. Ferien hatte Herr Meier mit seiner Familie immer nur im nahen Ausland gemacht, mit dem Zug oder mit dem Auto. Die Argumente für seine Familie waren schnell gefunden: „Es ist gemütlicher, man ist unabhängiger, man kann so viel Gepäck mitnehmen, wie man will, und in den Ferien braucht man sowieso meistens ein Auto."

„Eigentlich", präzisierte Herr Meier, „habe ich 30 Jahre alle angelogen, weil ich nicht zugeben konnte, dass ich Flugangst habe." Er wolle das Kapitel jetzt endlich schließen und frei von dieser Angst sein.

Mir war klar, dass es für Herrn Meier schon ein großer Schritt war, das Thema im Coaching auch nur anzusprechen.

Die Veränderung
Es gibt unzählige Möglichkeiten, Ängste wie die von Herrn Meier zu behandeln und im besten Fall zu beseitigen. Auch hier gilt zunächst: Ängste sind grundsätzlich erst einmal sinnvolle Schutzmechanismen. Die Angst muss meiner Meinung nach deshalb nicht weg, sondern es muss etwas Neues hinzukommen, dass die Angst nicht übermächtig wird.

Nützlich in der Arbeit mit Herrn Meier waren hypnotische Techniken. Anders als mit Showhypnosen, in Filmen und in der Literatur oft dargestellt, ist Hypnose aus therapeutischer Sicht ein Katalysator für Veränderung.

Wie funktioniert Hypnose?
Hypnose ist ein Zustand, in dem die ganze Aufmerksamkeit auf das Innenleben gerichtet wird. Was wir normalerweise mit unseren fünf Sinnen wahrnehmen, konzentriert sich auf innere Bilder wiedererlebter Erinnerungen.

Hypnotische Zustände erleben Menschen tagtäglich. Das sind die Momente, in denen wir uns zum Beispiel vorstellen, was wir am Abend kochen werden oder wie wir die nächste Verhandlung vorbereiten. Auch angstauslösende Vorstellungen vom nächsten Flug nach Singapur, wie der von Herrn Meier, gehören zu einem hypnotischen Zustand der Aufmerksamkeitsfokussierung. In der Fachsprache redet man dann von Problemtrancen. In Problemtrancen sind Menschen so intensiv auf ihre inneren angsterfüllenden Bilder und Erlebniswelten konzentriert, dass die eigentliche Realität weitgehend ausgeblendet wird. Alternativen sind in diesem Zustand nicht mehr erkennbar. Es sind unbewusste Programme, die bei Problemtrancen auftreten, und keine bewussten Entscheidungen.

Stellen Sie sich vor, dass ein kleines dreijähriges Mädchen im Sommer draußen am Spielen ist. Die benachbarte Familie hat einen neuen Welpen erworben, damit ihr 12-jähriger Sohn lernt Verantwortung zu übernehmen und sich um andere zu kümmern. Sie haben sich für einen fröhlichen und bewegungsfreudigen Hund entschieden, der keinerlei Anzeichen von Angriffslust zeigt. Die Wahl fällt auf einen Beagle. Als Welpen sind sie unbeholfen, freuen sich überschwänglich über neue Menschen und springen sie an. Das passiert dem kleinen Mädchen. Der junge Hund springt sie an, sie erschrickt vor der ungestümen Art des kleinen Welpen, obwohl sie sich anfangs gefreut hat, und fängt vor Schreck zu weinen an. Ab diesem Zeitpunkt an hat ihr Gehirn gelernt, dass Hunde gefährlich sind und man sich möglichst von ihnen fernhält.

Das Mädchen wächst zu einer jungen Frau heran. Das Ereignis als solches hat sie längst vergessen. Die unbewusste Angst vor Hunden aber bleibt. Ihr Herz schlägt bis zum Hals, wenn jemand ihr mit einem Hund auf der Straße entgegenkommt, selbst wenn der angeleint ist. Sie hat sich angewöhnt, in solchen Fällen die Straße zu wechseln. Sogar bevor sie aus ihrem Auto steigt, schaut sie in jedem Spiegel nach, ob irgendwo ein Hund sein könnte. Solange sie nicht erkennt, dass diese Angst untypisch ist, und verstanden hat, dass Erfahrungen, die zu solchen Verhaltensweisen führen, einfach behandelt werden können, wird sie diese Angst ihr restliches Leben mit sich herumtragen. Immer wenn Sie Hunde sieht oder hört, startet in ihr das unbewusste Programm der Angst, wie eine losgetretene Lawine, die nicht mehr aufzuhalten ist.

Wenn Sie die junge Frau fragen, wie sie sich in diesen Momenten erlebt und wie es ihr geht, würde sie sagen, dass sie an nichts anderes denken könne als an den Hund, der sie beißen wolle. Dabei würde sie alle körperlichen Reaktionen, wie hoher Puls, eingeschränktes Sichtfeld und Angstschweiß, beschreiben, die sie dabei hat, und dass sie am liebsten wegrennen würde. Sie versteht nicht, woher diese Angst kommt, weil ihr ja bewusst ist, dass nicht alle Hunde gefährlich sind. Sie befindet sich durch die traumatisierende Erfahrung als kleines Mädchen in einer Problemtrance. Eine Möglichkeit, Problemtrancen zu lösen, sind regressive Techniken der Hypnose.

Regressive Techniken sind einfach erklärt. Alle Lernerfahrungen, die vom Gehirn als wichtig eingestuft werden, speichert es ab wie auf einer Festplatte, die immer dann abgerufen wird, wenn diese Lernerfahrung gebraucht wird. Das Gehirn sucht sozusagen die gespeicherte Datei und startet das Programm. Das kann sehr sinnvoll sein. Wenn Sie zum Beispiel 20 Jahre lang kein Fahrrad gefahren sind, können Sie das trotzdem wieder, sobald sie auf einem Fahrrad sitzen. So verhält es sich auch mit traumatisierenden Erfahrungen. Sie sind bei einem auslösenden Ereignis plötzlich wieder da, als wären sie nie weg gewesen.

Jetzt stellen Sie sich vor, wir hätten Zugriff auf die Festplatte, auf alle Erfahrungen, die Sie jemals gemacht haben. Wir könnten also das Angst-vor-Hunde-Programm finden und so verändern, dass die junge Frau diese Tiere richtig einschätzen kann. Dann hätten wir eine regressive Technik angewandt. (Die neurobiologischen Funktionalitäten sind hier einfacher dargestellt, als sie tatsächlich sind. Für eine sinnbildliche Darstellung erfüllt dieses Beispiel aber seinen Zweck).

Einblick in die Intervention

Bei Herrn Meier fanden wir in einer hypnotischen Regression jene Lernerfahrung, die er als Neunjähriger gemacht hatte. Im Folgenden gebe ich den wichtigsten Teil der dialogischen Trance verkürzt wieder:

Ich: Bist du drinnen oder draußen? Ist es hell oder dunkel? Wie alt bist du? Was nimmst du wahr?

Herr Meyer: Es ist morgens und ich bin in meinem Zimmer in unserem Ferienhaus in Italien. Meine Eltern sind zum Strand gegangen. Mir ist langweilig.

Ich: Was machst du?

Herr Meier: Ich schalte den Fernseher an. Eigentlich darf ich nicht alleine fernsehen, aber jetzt sind meine Eltern ja nicht da, dann wissen sie es nicht. (Hier zuckt Herr Meier sichtlich zusammen.)

Ich: Was siehst du? Was ist passiert, dass dich erschreckt hat?

Herr Meier: Es ist ein Flugzeug abgestürzt. Es liegen ganz viele tote Menschen herum. Da ist Feuer und … ich habe Angst.

Ich: Ich möchte das du in deinem Kopf die Zeit anhältst und zurückgehst bis kurz vor den Zeitpunkt, als du die Idee hattest, den Fernseher einzuschalten. Hast du das gemacht? (Herr Meier nickt.) Gut. Jetzt rede ich mit dem erwachsenen Peter Meier.

Jetzt, wo du weißt, was der kleine Peter erlebte, möchte ich, dass du die Geschichte neu schreibst. Ich möchte, dass du die Geschichte so schreibst, dass der kleine Peter sich sicher, gut und aufgehoben fühlt. Gib dem kleinen Peter die Fähigkeit, bessere Entscheidungen zu treffen, damit keine Angst entstehen kann. Hast du den Auftrag verstanden?

Herr Meier: Ja.

Ich: Sehr gut. Dann mach das. Dann möchte ich, dass du die Zeit weiterlaufen lässt und mir beschreibst was der kleine Peter erlebt (ca. 3–4 Minuten Stille).

Herr Meier: Ich sehe, wie der Kleine allein im Hause ist. Ihm ist sichtlich langweilig. Seine Eltern sind nicht da. Er läuft zum Fernseher und bleib davor stehen. Er zögert. Es sieht so aus, als würde er sich überlegen den Fernseher einzuschalten. (Einen kurzen Moment Pause.) Er geht wieder zurück in sein Zimmer, zieht seine Badehose an und nimmt seinen Eimer mit Strandspielzeug. Er macht sich auf den Weg zum Strand.

Ich: Was ist mit dem Fernseher?

Herr Meier: Den Fernseher beachtet er nicht.

Ich: Wenn du so den kleinen Peter von außen betrachtest, braucht er noch irgendwas, damit es ihm besser geht?

Herr Meier: Nein, ihm geht es gut.

Im Nachgespräch der 30-minütigen Hypnosesitzung zum Thema Flugangst, sagte Herr Meier, dass ihm die Erinnerung an den Flugzeugabsturz im TV nicht bewusst gewesen war. Er konnte sich sehr wohl an die vielen schönen Sommerferien in der Toskana erinnern. Auch dass er irgendwann nicht mehr so gerne mit dem Flugzeug nach Italien flog, aber mehr nicht.

Wir vereinbarten, dass Herr Meier, in Absprache mit seinem Arzt, die Medikamentierung vor dem nächsten Flug absetzt. Er würde zunächst einen Kurzstreckenflug innerhalb Europas buchen, um zu überprüfen, was sich durch die Coachingsitzung verändert hat.

Reflexion
Es gibt eine gute Chance, eine spezifische Angst zu lösen, die aufgrund einer traumatisierenden Erfahrung entstanden ist. Ob es immer so einfach geht wie im Fall von Herrn Meier, kann man nicht voraussagen. Es gibt keine Garantie dafür. Möglicherweise muss man mit einer Linderung zufrieden sein. Hypnose ist aber eine realistische Option, erkannte unbewusste Programme zu verändern, um flexibler handeln und bessere Entscheidungen treffen zu können. Wenn unbewusste traumatische Erlebnisse gelöst werden, ist das so, als würde man eine angezogene Handbremse lösen. Warum aber nutzen nicht mehr Menschen Hypnosecoaching? Darüber kann man nur spekulieren. Die Methode Hypnose feiert derzeit eine Renaissance. Mehr Menschen als jemals zuvor haben Zugang zu der Methode und nutzen sie. Neurowissenschaftlich gesehen, verstehen wir heute auch mehr darüber, wie mit hypnotischen Prozessen im Gehirn Veränderungen erreicht werden. Wir verstehen heutzutage mehr über die Vorgänge im Gehirn als noch vor 20 Jahren. Zudem werden hypnotische Prozesse in anderen Coachingmethoden erfolgreich integriert, weil die Methode Hypnose sehr flexibel einsetzbar ist. Um es mit einem einfachen Bild zu zeigen: Wann immer Sie die Augen schließen und in eine Erinnerung versinken, befinden Sie sich per Definition in einem hypnotischen Zustand. Den gleichen neurologisch nachweisbaren Zustand erlebten auch schon unsere Vorfahren vor 12.000 Jahren, als Menschen noch in Lehmhütten und Höhlen wohnten. Dieser Bewusstseinszustand ist vermutlich so alt wie unsere Spezies Homo sapiens selbst.

Andererseits ist die Methode Hypnose vielerorts in Verruf geraten. Dazu beigetragen haben sicherlich auch Unterhaltungsshows, Filme und Hypnotiseure, die ihre Fähigkeiten zur Unterhaltung eingesetzt haben. Es ist verständlich, dass Menschen davon abgeschreckt werden, wenn sie sehen, wie Menschen sich als gackerndes Huhn lächerlich machen oder Zitronen essen, ohne eine Miene zu verziehen, als wären es Äpfel. Das schmälert aber nicht die Wirksamkeit dieser Methode, die in zahlreichen Wirksamkeitsstudien längst belegt worden ist. In einer Metaanalyse von 20 Studien wurde eine signifikante Wirkung auf die Angst von Krebspatienten nachgewiesen. Dabei zeigte sich nicht nur eine vorübergehende Wirkung bei der Verringerung von Angst, sondern eine dauerhafte (Chen et al. 2017). In einer anderen Metastudie, in der 57 Studien mit 2373 Teilnehmern untersucht wurden, konnte gezeigt werden, dass sie eine mittlere Wirksamkeit in der Behandlung von Krankheiten (nach ICD-10) hat (Flammer und Bongartz 2003). Hypnose hat im mentalen Coaching eine besondere Rolle. Keine andere Methode ermöglicht tiefergreifende Veränderungen, weil sie den Zugang zu unbewussten Bereichen ermöglicht, die im normalen Tagesbewusstsein kaum zugänglich sind. Es stellt sich daher nicht die Frage, ob, sondern wie man Hypnose nutzen will respektive wem man sich dafür anvertraut.

Fazit

Weshalb behandeln wir hier die Thematik einer Flugangst, die über die Dauer von fast drei Jahrzehnten erfolgreich mit Medikamenten behandelt worden war? Wäre es für Herrn Meier nicht sinnvoller gewesen, bis auf Weiteres Medikamente zu nehmen trotz Nebenwirkungen? Es gibt mehrere Gründe, warum dies eine ungesunde und auch unfreie Haltung ist.

Herr Meier hat über mehrere Jahrzehnte mit einer Lebenslüge gelebt und versucht sie auszublenden – so hat er das selbst formuliert. Das ist ihm bis zu dem Zeitpunkt gelungen, an dem der Druck von außen größer wurde. Seine Kinder wollten irgendwann, wie andere Kinder auch, in ferne Länder reisen. Auch das ließ sich noch bis zu einem gewissen Punkt substituieren, lange Reisen kann man auch in benachbarte Länder unternehmen. Aber sein ältester Sohn wurde so erfolgreich, dass Flüge für ihn notwendig wurden, mit oder ohne seinen Vater. Und Herr Meier wollte seinen Sohn bei dessen sportlichen Erfolgen begleiten. Der Druck war spätestens an diesem Punkt ins Unermessliche gestiegen.

Die Einnahme bestimmter verschreibungspflichtiger Medikamente kann bereits nach kurzer Zeit zu einer Abhängigkeit führen oder gar irreversible Schäden nach sich ziehen. Um sich darüber im Klaren zu sein, muss man nur die Packungsbeilage eines handelsüblichen Medikamentes lesen. Herr Meier war sich sehr wohl bewusst, dass für ihn ein Risiko besteht. Als Familienvater mit zwei gesunden Kindern stand Herr Meier auch vor der Frage, welche Vorbildfunktion er vorleben wolle.

Herr Meier war also von den Medikamenten abhängig, wenn auch (noch) nicht körperlich. Er war nicht in der Lage, die regelmäßigen Flüge nach Singapur ohne medikamentöse Unterstützung zu überstehen. Er musste erhebliche Zeit, Energie und Kraft nach jeder Einnahme von Temesta aufbringen, um wieder normal zu „funktionieren". Erst Herrn Meiers Entscheidung, das Thema in einem Coaching anzugehen und sich von seiner Flugangst zu lösen, war der sinnvolle Schritt in ein freieres Leben.

Herr Meier hat nach dem Coaching schrittweise seinen Lebenshorizont erweitert, gemeinsam mit seiner Familie. Er gestand seiner Frau und den Kindern die Flugangst ein. Alle waren davon zutiefst überrascht, weil sie nicht zum Bild eines erfolgreichen und unerschrockenen Mannes passte. Er hat seinen Sohn in den darauffolgenden Jahren zu zahlreichen Golfturnieren begleitet und ist mit seiner Familie wieder gerne zu dem Haus seiner Eltern nach Italien in die Ferien gefahren. Dahin, wo seine Flugangst vor über 30 Jahren entstanden war.

Literatur

Chen, P.-Y., Liu, Y.-M., & Chen, M.-L. (2017). The effect of hypnosis on anxiety in patients with cancer: A meta-analysis. *Worldviews on Evidence-Based Nursing, 14*(4), 223–236. First published: 07 March 2017.

Flammer, E., & Bongartz, W. (2003). On the efficacy of hypnosis: A meta-analytic study. *Contemporary Hypnosis, 20*(4), 179–197.

Milner, A., Spittal, M. J., Pirkis, J., et al. (2013). Suicide by occupation: Systematic review and meta-analysis. *British Journal of Psychiatry, 203*(6), 409–416.

Tiesman, H. M., Konda, S., Hartley, D. et al. (2003–2010). Suicide in U.S. workplaces: A comparison with non-workplace suicides. *American journal of preventive medicine*, *48*(6), 674–682.

Zürcher Fachstelle zur Prävention des Alkohol- und Medikamenten-Missbrauchs. https://www.fisp-zh.ch/pdf/medikamente/medikamente_de.pdf. Zugegriffen am 15.01.2019.

Epilog

Wenn Freisein von Angst Veränderung voraussetzt, ist dann das Streben nach Freiheit für jemanden mit Angst vor Veränderung überhaupt möglich? Würde jemand, der Flugangst hat, seinen archaischen Instinkten folgen, er würde schlicht und einfach nie in ein Flugzeug steigen. Menschen mit Flugangst tun es trotzdem, weil der Mensch die einzige Spezies ist, die in Opposition zu den eigenen Instinkten handeln kann.

Trotzdem sollten wir die Angst nicht verdrängen, denn Angst ist auch ein Treiber für Entwicklung. Ohne biologischen Stress (Überleben) hätte sich die Menschheit vermutlich nicht entwickeln können, es hätte dafür schlicht keinen Grund gegeben. Angst sicherte aber nicht nur die Entwicklung des Menschen, sie ist ein Instinkt, der vor Gefahren schützt, und ist deshalb zunächst sinnvoll. Die Grenzen zwischen sinnvoller und krankhafter Angst sind aber fließend.

Der Mensch ist auch die einzige Spezies, die sich selbst Angst machen kann, weil er imstande ist, eine mögliche Zukunft zu imaginieren. Wenn man sich bildhaft vorstellt, wie man an der nächsten Betriebsratssitzung oder der nächsten Verhandlung mit vernichtender Kritik niedergemäht wird, macht man sich selbst Stress und Angst. Sich in eine Angst hineinzusteigern ist nichts anderes als ein Missbrauch von Fantasie und Vorstellungskraft. Dazu ist nur der Mensch fähig.

Um dem zu entgehen, sollte man sich seinen Ängsten stellen, um ihnen Herr zu werden und eine Lösung für eine angstfreie Existenz zu finden. Es ist im Grunde genommen ein Bewusstwerdungsprozess. Man muss sich bewusst werden, zu welchen Reaktionen Handlungen führen, die im besten Fall intrinsische Bedürfnisse befriedigen. Es geht um Reflexionsarbeit, bei der man sich eingestehen muss, dass man Angst hat und davon eingeschränkt ist. Hat man das erst einmal getan, ist der Weg zur Angstbewältigung frei. Nicht jeder kann von sich aus diese Reflexionsarbeit leisten, sie kann aber erlernt werden. Der Weg zur Freiheit von Ängsten führt also unweigerlich über das eigene Eingeständnis der Angst. Das ebnet den Weg für einen Veränderungsprozess.

Es gibt unzählige methodische Vorgehensweisen, um Ängste in Veränderungs- und Entwicklungsenergie zu transformieren. Keine der hier beschriebenen Methoden, die ich bei Klienten angewandt habe, beansprucht für sich per se anderen überlegen zu sein.

Es liegt, meiner Erfahrung nach, an der Erfahrung des Coaches, die für den Klienten adäquate Methode zu finden und einzusetzen. Dabei sollte er auch den Persönlichkeitskern einer Person berücksichtigen.

Wir haben in den meisten hier dargestellten Beispielen von einem Persönlichkeitsprofil gesprochen, das als Grundlage des Coachings diente. Dadurch wird ein Coaching motivorientiert, es berücksichtigt die intrinsischen Bedürfnisse eines Menschen. Aufgrund meiner langjährigen Erfahrung würde ich ein Coaching, dass sich nicht an einer motivorientierten Struktur orientiert, nicht empfehlen. Sowohl Klienten als auch Coaches sollten sich ihrer Werte bewusst sein respektive wieder bewusst werden. Denn nicht selten entstehen Ängste aus einem Manko an Wertebewusstsein.

Aus einer Metaperspektive betrachtet, hat sich an den Umständen in den Geschichten der in diesem Buch beschriebenen Klienten nichts Wesentliches geändert. Was sie aber erreicht haben, sind neue Handlungsoptionen, neue Sichtweisen auf ein Problem und eine Selbstwirksamkeit – „die Überzeugung eines Menschen, auch schwierige Situationen und Herausforderungen aus eigener Kraft erfolgreich bewältigen zu können"[1]. Dabei hat sich auch ihre Beziehung zu sich selbst positiv verändert.

Ich hoffe, ich konnte Ihnen mit diesem Buch plausibel darstellen, mit welchen Resultaten im Coaching gerechnet werden kann. Auch wenn die hier dargestellten Themen Sie nicht direkt betreffen, so haben Sie vielleicht doch ein Gefühl dafür bekommen, was mithilfe eines mentalen Coachings erreicht werden kann.

Ich wünsche Ihnen kein angstfreies Leben, jedoch die Freiheit für einen angstfreien Umgang mit Angst.

Ray Popoola

---

[1] Stangl, W. (2019). Selbstwirksamkeit. In *Online Lexikon für Psychologie und Pädagogik*. https://lexikon.stangl.eu/1535/selbstwirksamkeit-selbstwirksamkeitserwartung/. Zugegriffen am 14.06.2019.

Ihr Bonus als Käufer dieses Buches

Als Käufer dieses Buches können Sie kostenlos das eBook zum Buch nutzen. Sie können es dauerhaft in Ihrem persönlichen, digitalen Bücherregal auf **springer.com** speichern oder auf Ihren PC/Tablet/eReader downloaden.

Gehen Sie bitte wie folgt vor:

1. Gehen Sie zu **springer.com/shop** und suchen Sie das vorliegende Buch (am schnellsten über die Eingabe der eISBN).
2. Legen Sie es in den Warenkorb und klicken Sie dann auf: **zum Einkaufswagen/zur Kasse.**
3. Geben Sie den untenstehenden Coupon ein. In der Bestellübersicht wird damit das eBook mit 0 Euro ausgewiesen, ist also kostenlos für Sie.
4. Gehen Sie weiter **zur Kasse** und schließen den Vorgang ab.
5. Sie können das eBook nun downloaden und auf einem Gerät Ihrer Wahl lesen. Das eBook bleibt dauerhaft in Ihrem digitalen Bücherregal gespeichert.

EBOOK INSIDE

eISBN
Ihr persönlicher Coupon

Sollte der Coupon fehlen oder nicht funktionieren, senden Sie uns bitte eine E-Mail mit dem Betreff: **eBook inside** an **customerservice@springer.com**.

MIX
Papier aus verantwortungsvollen Quellen
Paper from responsible sources
FSC® C105338

If you have any concerns about our products,
you can contact us on
ProductSafety@springernature.com

In case Publisher is established outside the EU,
the EU authorized representative is:
**Springer Nature Customer Service Center GmbH
Europaplatz 3, 69115 Heidelberg, Germany**

Printed by Libri Plureos GmbH
in Hamburg, Germany